julie **andrieu**
& michel **guérard**

# Comment briller aux fourneaux

*sans savoir faire cuire un œuf*

Des mêmes auteurs

## Julie Andrieu

*Confidences sucrées*, avec Pierre Hermé,
Agnès Viénot Éditions, 2007
*Carnet de correspondances, Mes accords de goûts*,
Agnès Viénot Éditions, 2009

## Michel Guérard

*La Cuisine à Vivre, avec Dr F. Saldmann*
Éditions Un, 2000
*La Grande Cuisine minceur*, Robert Laffont, 2009
*La Cuisine gourmande*, Robert Laffont, 2009

Direction artistique et maquette
Sophie-Anne Sauvaigo



Achevé d'imprimer sur les presses de KAPP Graphic à Évreux (27) pour le compte d'Agnès Viénot Éditions

julie andrieu
& michel guérard

# Comment briller aux fourneaux

*sans savoir faire cuire un œuf*

Recettes Michel Guérard. Textes Julie Andrieu.
Photographies Jean-Blaise Hall et Isabelle Rozenbaum.

Agnès Viénot Éditions
11 rue Jean-de-Beauvais
75005 Paris

# Introduction

**Les vocations naissent toujours d'une émotion.** La découverte de la cuisine de Michel Guérard fut pour moi ce « révélateur ». Quand, un matin de 1998, j'osais m'atteler à la réalisation de sa terrine de foie de volaille (dont vous trouverez la recette p. 258), je maîtrisais à peine la cuisson d'un spaghetti. J'ignorais alors que ce plat deviendrait bien plus que l'un de mes classiques.

A l'adolescente rondelette adepte de régimes et de plats industriels, le chef ouvrait les portes d'un monde magique où saveurs, gourmandise et plaisir de cuisiner pouvaient enfin cohabiter sans heurt ni culpabilité. Depuis, Michel n'a cessé d'éclairer mon chemin. Jeune productrice, mon premier désir fut de retracer son parcours dans un 52 minutes inscrit dans la série *Empreintes* diffusée sur France 5 en 2009.

**Pourquoi cette fidélité quasi obsessionnelle ?** Parce que Michel Guérard est l'homme de toutes les révolutions gastronomiques. Nouvelle, minceur, canaille, industrielle, vulgarisée, il a participé à l'invention de tous les courants de la cuisine moderne, alliant avec intelligence les acquis de la tradition à son appétit d'innovation. Pape de la cuisine minceur et santé, il est l'initiateur incontesté d'une alimentation responsable, favorisant le bien-être du corps et de l'esprit.

Ai-je besoin de vous en dire plus ? Ah si...
En rencontrant l'homme qui se cachait derrière ses livres et ses fourneaux, j'ai pu apprécier son infinie bienveillance, sa rare courtoisie et son humour aussi légendaire que sa salade folle.

**J'ai aussi découvert celle qui vit à ses cotés** depuis près de 40 ans, effacée volontaire donnant à Michel souffle, inspiration, structure et assurance : Christine, son épouse. C'est à ce couple qui incarne pour moi un art de vivre, de recevoir, d'être et d'aimer que je dois mon approche de la cuisine joyeuse et décomplexée.

**Voilà pourquoi, quand Constance Poniatowski** m'a sollicitée il y a 3 ans pour me proposer de collaborer au magazine dont elle est directrice de la rédaction, *Version Femina*, je lui ai soumis sans hésiter l'idée d'un dialogue entre Michel et moi.

A travers mes questions, parfois naïves, toujours passionnées, je voulais transmettre aux lecteurs le plaisir de s'accaparer la cuisine enchantée de Michel Guérard.

J'espère que vous ferez le voyage avec nous...

*Julie Andrieu*

À mes chères filles,
Eléonore et Adeline,
qui ont su très tôt se brouiller
habilement avec les œufs.

Michel Guérard

A Stéphane.

Julie Andrieu

## Remerciements

Merci à ceux qui ont prêté leur temps, leur talent et leur bonne humeur à la réalisation de ce livre :
Constance Poniatowski, sans laquelle l'aventure n'aurait sans doute jamais vu le jour, l'indispensable et lumineuse Christine Guérard, toute l'équipe des Prés d'Eugénie, les chefs Stéphane Mack, Sébastien Perbost et Jacky Lanusse.
Mais aussi à Sophie-Anne Sauvaigo, Jean-Blaise Hall et Isabelle Rozenbaum de nous avoir prêté leur œil éclairé.
Merci à Mathilde Petitjean et Sylvaine Landon.
Merci encore à l'équipe des Éditions Agnès Viénot : Noémie Meyer et Célina Salvador.
Enfin, un salut affectueux et amical à Claude Lebey qui est à l'origine de notre toute première rencontre.

## Adresse

Les Prés d'Eugénie - Michel Guérard
40320 Eugénie-les-Bains
LANDES - FRANCE
Tél. : 05 58 05 05 05 - 05 58 05 08 07
Fax. : 05 58 51 10 10
Mail : reservation@michelguerard.com

# Sommaire

## PRINTEMPS



## ÉTÉ

## AUTOMNE

## HIVER

# PRINTEMPS

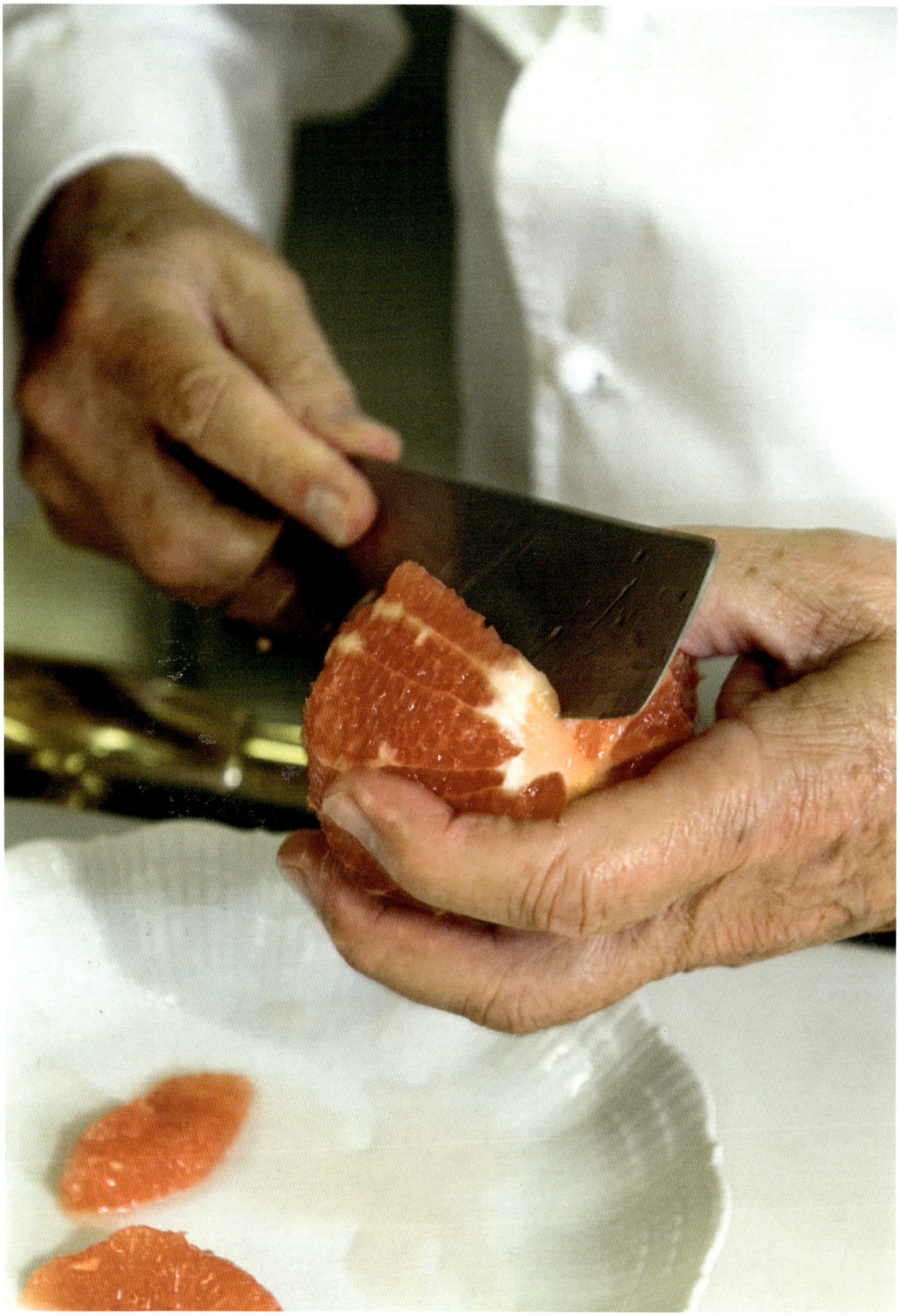

# l'art de

## choisir son couteau

*Si l'on ne devait posséder qu'un seul couteau, ce serait le large à légumes, grâce auquel, avec un peu d'entraînement, on peut tout faire. Trancher, émincer, hacher, peler... Démonstration !*

# l'art de servir la terrine rustique

*Une terrine rustique, qui contient de vrais morceaux, doit être servie à la cuillère pour être respectée.*

**1** Commencez par "casser" la terrine. Pour cela, introduisez une grande cuillère dans l'épaisseur de la terrine et soulevez.

**2** La terrine va se détacher selon la forme des morceaux de viande. Veillez à ne pas trancher dans les légumes - comme ici les tranches de carottes - en utilisant la cuillère comme levier pour soulever. Déposez délicatement le contenu de la cuillère dans l'assiette et décorez d'un petit buisson d'herbes ou de jeunes pousses légèrement assaisonnées.

# la terrine de lapin

## au foie gras, en gelée de bière

# la terrine de lapin

## au foie gras, en gelée de bière

**POUR 10 PERSONNES**

**PRÉPARATION : 20 MIN**
**MARINADE : 12 H - CUISSON : 2 H**
**REPOS : 24 H**

180 g de chair d'épaule de lapin (le meilleur morceau) en cubes de 2 cm

400 g de chair de cuisse de poulet (ou de râble de lapin) en cubes de 2 cm

80 g de lardons fumés coupés en petits dés

80 g de jambon noir de Bigorre (ou un autre jambon cru) en petits dés

80 g de foie gras cru en tranches

1 carotte

1 oignon

1 poireau

2 gousses d'ail

25 g de gelée au madère en poudre

45 cl de bière blonde

12 cl de vinaigre de xérès

3 baies de genièvre

3 clous de girofle

1 tablette de bouillon de volaille déshydraté

quelques copeaux de foie gras mi-cuit (facultatif)

mesclun et toasts grillés

13 g de sel

2 g de poivre mignonnette

**COUP DE MAIN**

***P. 18** L'ART DE SERVIR LA TERRINE RUSTIQUE*

*Cette recette est une vraie leçon de simplicité. Le foie gras permet de « nourrir » cette terrine très maigre et de la parfumer à la fois : une version luxe de la barde en quelque sorte.*

**1** Pelez la carotte et l'oignon. Emincez-les à la mandoline pour obtenir des tranches bien régulières. Epluchez et hachez les gousses d'ail. Rincez le poireau et gardez la partie verte, que vous maintenez avec de la ficelle à rôti.

2

3

4

5

**2** Mettez dans un saladier les légumes et la viande, sauf le vert de poireau et le foie gras.
**3** Ajoutez la bière, la tablette de bouillon, la gelée au madère, le vinaigre et les épices. Bien mélanger.

**4** Versez le tout dans une terrine en porcelaine à feu. Déposez les tranches de foie gras cru sur le dessus, puis le vert de poireau en l'enfonçant légèrement.

**5** Recouvrez la terrine de film alimentaire et laissez mariner au réfrigérateur pendant 12 h.

**6** Préchauffez le four à 160 °C (th. 5-6). Sortez la terrine du réfrigérateur et déposez-la dans un grand plat allant au four. Versez-y de l'eau bouillante pour la faire cuire au bain-marie.

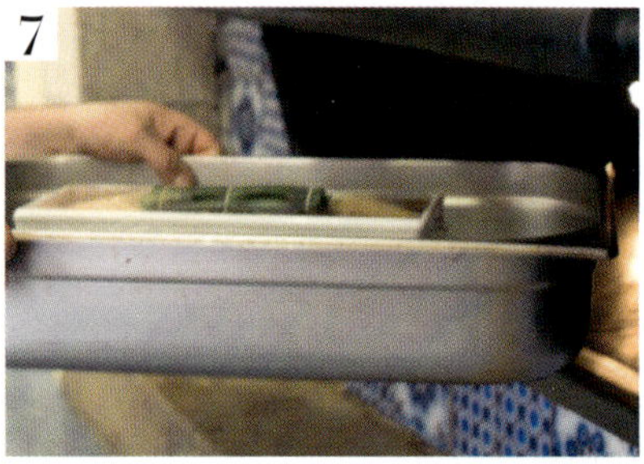


**7** Mettez la terrine au four durant 2 h. Ajoutez de l'eau dans le plat, si besoin, en cours de cuisson. Vérifiez la cuisson des viandes avec la pointe d'un couteau. Elles doivent être très tendres, sinon laissez cuire un peu plus.

**8** Retirez le film, laissez refroidir la terrine, puis mettez-la au frais 24 h avant de servir. Dressez-là à la cuillère dans chaque assiette creuse. Déposez un peu de mesclun au centre, des copeaux de foie gras mi-cuit sur le dessus et, pourquoi pas, un toast grillé à la cheminée.

*Servez avec des frites à la graisse d'oie ou de canard pour en faire un plat complet.*

**Astuce**

L'EAU EMPÊCHE LA CHALEUR D'AGRESSER LES INGRÉDIENTS. Mais si l'on veut absolument se passer de bain-marie, il est conseillé de cuire la terrine à 100-120 °C (th. 3-4) pendant 5 à 6 heures.

# les pommes frites

## au gros sel

**Pour 4 personnes**

**Préparation : 10 min**
**Cuisson : 2 h**

750 g de pommes de terre « Bintje »

4 cuil. à soupe de graisse d'oie

1 gousse d'ail non pelée

30 g de beurre ramolli à la température de la cuisine

1/2 cuil. à soupe de gros sel

1

2

3

4

**1** Pelez les pommes de terre au couteau économe. Puis, à l'aide du couteau d'office, taillez-les dans le sens de la hauteur en forme de gros quartiers d'oranges. Mettez-les au fur et à mesure dans une bassine remplie d'eau et lavez-les sous l'eau courante. Egouttez-les sur un égouttoir à pieds et bien essorez-les sur un linge propre.

**2** Faites chauffer la graisse d'oie dans une cocotte, et, dès qu'elle commence à fumer, jetez-y la gousse d'ail et les quartiers de pommes de terre. Baissez légèrement le feu et laissez-les doucement blondir sur toutes leurs faces en les tournant, de temps à autre, à la spatule en bois. Couvrez et laissez cuire 15 minutes.
Egouttez les pommes frites à l'écumoire, déposez-les dans une assiette creuse, puis videz entièrement la cocotte de la graisse d'oie en la transvasant dans un bol pour un autre usage.

**3** Remettez les pommes frites dans la cocotte, sur feu doux, éparpillez dessus les 30 g de beurre en parcelles qui vont lentement pénétrer et imprégner leur pulpe.

**4** Lorsque le beurre est absorbé par les frites, salez-les au gros sel qui va rester croquant. Vous pouvez les parsemer de persil haché avant de servir dans la cocotte ou tout autour du plat qu'elles accompagnent.

### Astuce

*On peut préparer ces frites d'avance. Pour les garder croustillantes, battez 2 jaunes d'œufs à la fourchette, répandez-les sur les frites tout en continuant de fouetter les jaunes et remuez rapidement l'ensemble des frites à la main, ceci tout juste avant d'assaisonner les pommes de terre au gros sel et au persil. Débarrassez-les dans un plat allant au four et tenez-les au chaud au four à 180 °C (th. 6) jusqu'à l'emploi. En séchant, le jaune d'œuf forme une sorte de carapace de protection qui empêche les frites de ramollir.*

# l'art de découper le pigeon

*Qu'il est cruel le destin du pigeon ! Pour intéresser le gastronome, il doit être étouffé dans le nid avant d'avoir pris son envol, unique façon de s'assurer qu'il ne sera nourri qu'au maïs ou au blé. Un tel sacrifice mérite qu'on le découpe avec soin. Petite leçon…*

1

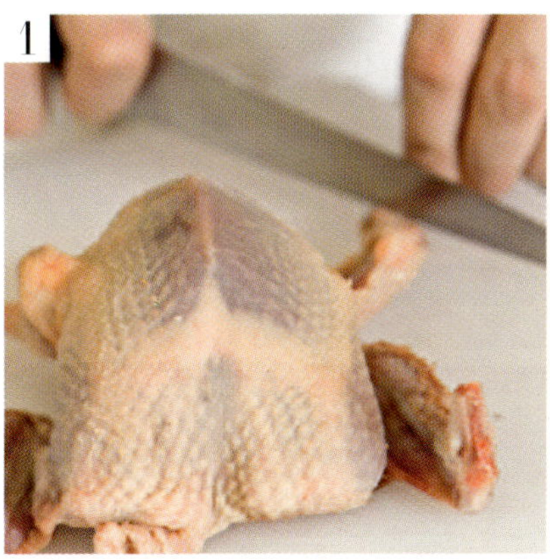

2

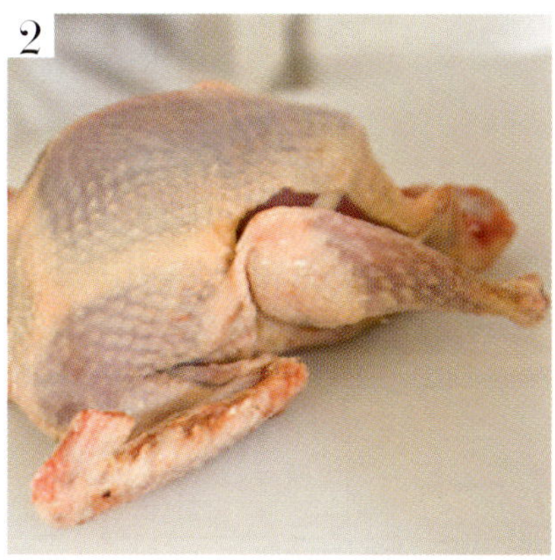

**1** Munissez-vous d'un long couteau bien aiguisé. Commencez par tailler les pointes des ailerons, qui risquent de vous gêner.

**2** Découpez une cuisse en allant de l'arrière vers l'avant. Découpez la chair jusqu'au milieu du dos. Retournez le pigeon.

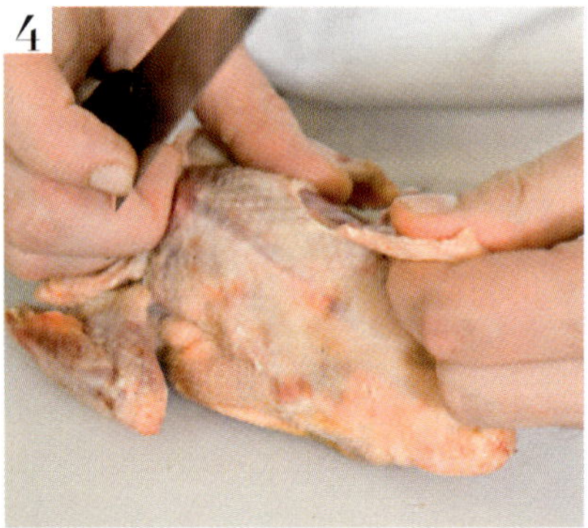

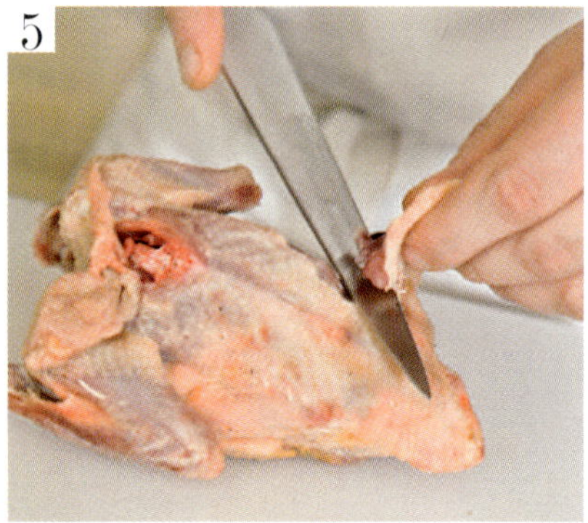

**4** Désarticulez la cuisse. Tranchez l'attache de l'os en sectionnant les tendons. Les articulations étant peu épaisses, il faut le faire délicatement.

**5** Terminez en coupant la peau pratiquement jusqu'à la base du croupion et détachez la cuisse. Procédez de même avec la deuxième cuisse.

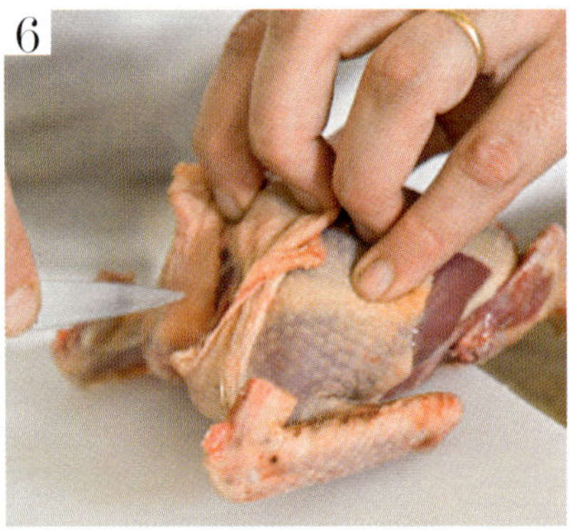

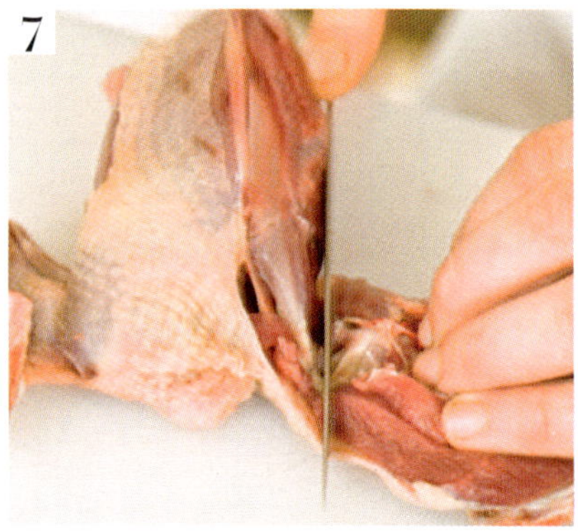

**6** Retirez le bréchet (appelé aussi fourchette ou os à vœux). Ecartez la peau à la base du cou et découpez autour de l'os. Coupez la jointure pour le détacher.

**7 à 9** Découpez un suprême en taillant le long de l'os dorsal de l'arrière vers l'avant, en gardant l'aileron attaché. Procédez de même avec le deuxième.

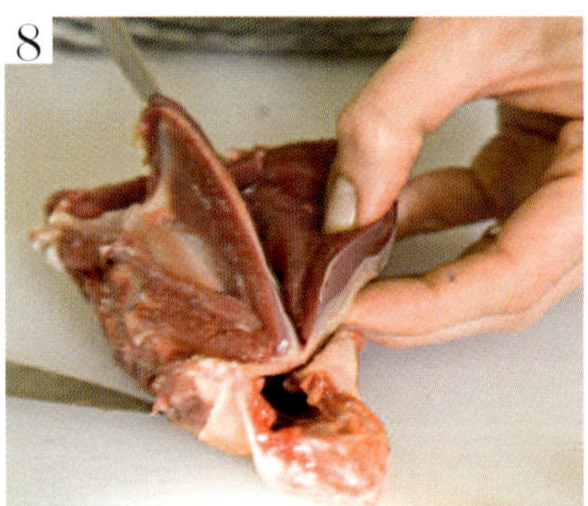

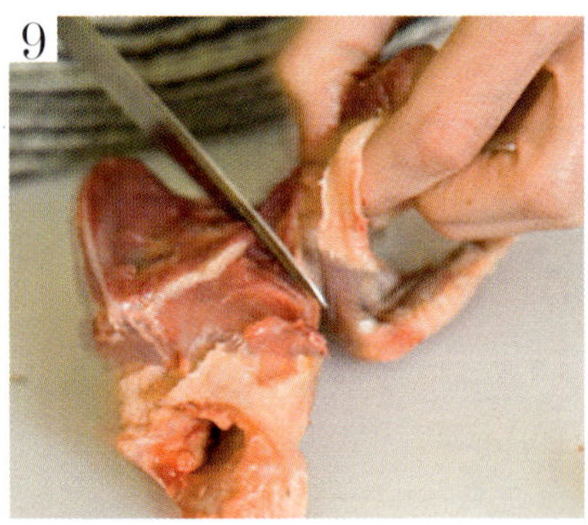

# l'art d'
## utiliser le fouet

*Lorsqu'on cuit au wok, il faut aller très vite. Le fouet est l'instrument idéal pour bien séparer les petits ingrédients hachés (gingembre, ail, échalote, citronnelle...) et obtenir une cuisson homogène en quelques minutes.*

# l'halicot de pigeon

# l'halicot de pigeon

**Pour 4 personnes**

**Préparation 15 min**
**Cuisson 3 min**

4 pigeons (ou 8 filets)

50 g de jambon cru de Bayonne ou de jambon fumé

20 g de ciboulette

5 g de gingembre frais

30 g de liserons d'eau (ou de pousses d'épinard)

50 g de champignons noirs

30 g d'oignon ou d'échalote

1/2 gousse d'ail

5 cuil. à soupe d'huile de sésame

1 cuil. à soupe de xérès (ou vinaigre de riz)

1 1/2 cuil. à soupe de sauce de soja

3 cuil. à soupe de sauce d'huître (oyster sauce)

3 cuil. à soupe de vin blanc

1 cuil. à soupe de glutamate

quelques feuilles de sucrine (cœur de laitue)

*« Halicot » vient du vieux français halicoter, hacher. Mais cette recette ne doit pas grand-chose à la cuisine française. Elle me fut enseignée par le comédien Danny Kaye, qui la tenait lui-même d'une cuisinière chinoise de Los Angeles ! Idéal pour un grignotage chic à l'apéritif.*

**Coup de main**

*P. 28 L'art de découper le pigeon*

*P. 32 L'art d'utiliser le fouet*

1

2

3

**1 à 3** Découpez en petits dés jambon, liserons et champignons noirs. Râpez le gingembre et hachez finement la ciboulette, l'ail et l'oignon. Dans un bol, mélangez la sauce d'huître, la sauce de soja, le glutamate, le xérès, le vin blanc et réservez.

### Astuce

LES RECETTES CHINOISES DEMANDENT PEU DE CUISSON. Il est impératif de préparer tous les ingrédients à l'avance, car une fois devant les fourneaux, il faut agir vite.

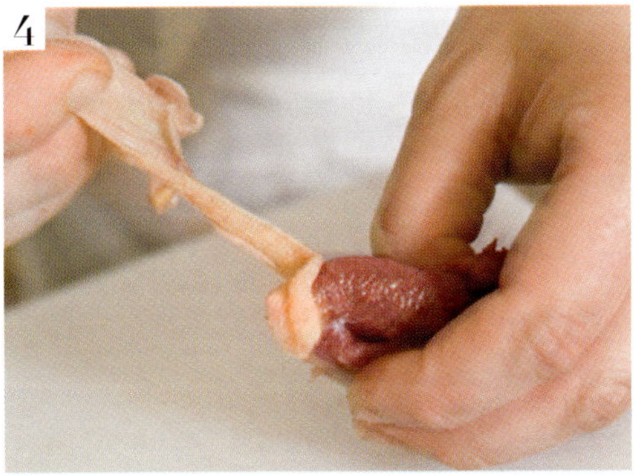
4

5

**4 et 5** Levez les suprêmes de pigeon. Retirez les ailerons. Otez la peau en la décollant puis en tirant dessus délicatement.
**6 et 7** Découpez le filet en fines tranches en le maintenant avec le plat de la main, puis en lamelles et enfin en petits dés. Vous pouvez découper vos suprêmes à l'avance et les réserver au frais sous un film alimentaire.

6

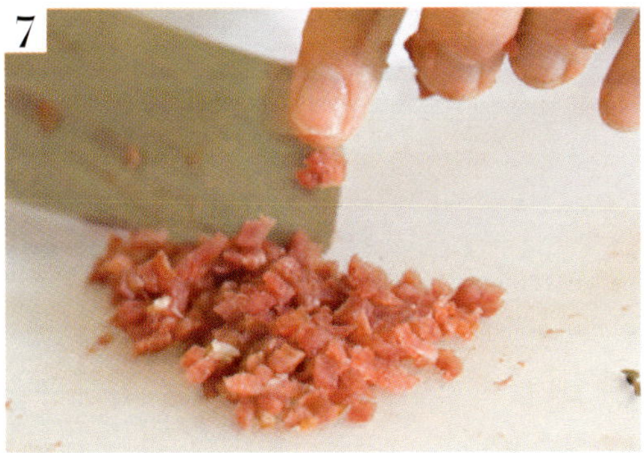
7

8

**8** Faites cuire le hachis de pigeon avec l'huile de sésame dans le wok pendant 1 min à feu vif. Remuez bien.

**9** Ajoutez tout ce que vous avez préparé : jambon, oignon, ciboulette, gingembre, liserons, champignons et ail. Laissez cuire 2 min. Ajoutez le mélange de sauces, enrobez bien l'halicot et retirez du feu.

**10** Pour terminer, garnissez les feuilles de sucrine avec cette farce.
***Servez avec des frites toutes fines à peine salées ou une salade de pommes de terre à la ménagère.***

9

10

**Astuce**

La sucrine apporte de la fraîcheur, des fibres, et transforme cette entrée en apéritif « finger food ».

# la salade de bonottes

## (pommes de terre) à la ménagère

**Pour 6 personnes**

**Préparation 25 min**
**Cuisson 20 min - Repos 12 h**

500 g brut de pommes de terre *Bonottes de Noirmoutier* ou *Rosevald*, soit 400 g net

25 g d'échalotes ciselées

4 cl de vinaigre balsamique

4 cl de vinaigre de vin rouge

8 cl d'huile d'arachide

1 botte de ciboulette

**1** Faites cuire les pommes de terre avec leur peau dans une casserole d'eau salée. Une fois cuites, épluchez-les puis taillez-les aussitôt en rondelles assez fines, de manière irrégulière.

**2** Ajoutez les échalotes ciselées, les deux vinaigres et l'huile d'arachide. Salez et poivrez. Remuez à la fourchette (les rondelles vont se briser) et laissez mariner afin que les pommes de terre absorbent l'assaisonnement.

**3** Avant de servir, faites tiédir la salade au four à 150 °C (th. 4-5), pendant 5 min et ajoutez la ciboulette ciselée.

*La salade de pommes de terre doit être réalisée au moins 12 heures avant d'être servie. Elle ne doit pas être conservée au réfrigérateur, mais dans un garde-manger au frais (15-16 °C).*

# l'art de

# blanchir les herbes

*Lorsqu'on utilise des herbes fraîches dans une préparation qui va cuire, il est intéressant de les blanchir. Elles développeront plus de saveur et seront plus faciles à hacher.*

**1** Détachez les brins d'herbes de leurs tiges. Préparez un saladier d'eau glacée au centre duquel vous placerez une passoire.

**2** Versez les herbes dans de l'eau bouillante salée et laissez-les « tomber » 30 secondes. Egouttez.

**3** Plongez les herbes dans l'eau glacée pour fixer la chlorophylle. Egouttez à nouveau.

# poulet truffé au persil

# le poulet truffé au persil

**Pour 4 personnes**

**Préparation : 30 min**
**Cuisson : 1 h 30**

1 poulet fermier des Landes de 1,6 kg

1/2 botte d'estragon

1 botte de persil plat

70 g de beurre

1/4 botte de ciboulette

2 cuil. à soupe d'échalotes finement hachées

1/4 de gousse d'ail hachée

50 g de champignons de Paris hachés

50 g de fromage blanc

50 g de lard de poitrine fumée

le jus de 1 citron

8 g de sel

2 g de poivre

*Inspirée d'une technique ancienne, cette recette était utilisée à l'époque où les poulets étaient un peu maigrichons (comme on le voit sur un tableau qui orne la salle à manger des Prés d'Eugénie), afin de leur redonner du peps et du moelleux.*

1

**1** Sortez le beurre une heure à l'avance pour qu'il soit en pommade.

**Coup de main**

***P. 42** L'ART DE BLANCHIR LES HERBES*

2

**2** Réservez le poulet à température ambiante (la peau sera plus souple, plus facile à décoller et on risque moins de la déchirer). Le poulet des Landes est recommandé pour la cuisson rôtie, celui de Bresse se prête mieux au pochage. Préchauffez le four à 160 °C (th. 5-6) - il faut éviter de commencer la cuisson à chaleur trop forte pour ne pas risquer de faire craquer la peau du poulet.

## Pour la farce

**3** Blanchissez le persil et l'estragon 30 secondes. Trempez-les dans l'eau glacée. Egouttez-les.
**4 et 5** Faites fondre les échalotes, l'ail et les champignons sur feu doux avec un peu de beurre. Retirez du feu.

3

4

### Astuce

Goûtez toujours l'estragon avant de l'acheter car il existe beaucoup de variétés, plus ou moins savoureuses.

5

**6** Mixez les herbes bien égouttées, incorporez le beurre en pommade et mixez de nouveau (il ne faut surtout pas que le beurre soit fondu, au risque de liquéfier la préparation).

6

7

8

**7 et 8** Mélangez les deux préparations dans une jatte avec le lard taillé très petit, le jus de citron, le beurre d'herbes, la ciboulette hachée et le fromage blanc. Assaisonnez puis réservez la préparation.

## Astuces

POUR HACHER FINEMENT LE LARD plus facilement, entreposez-le pendant 1 h au congélateur

ON PEUT AUSSI mettre quelques petits dés de citron confit dans la farce

9

10

**9** Décollez délicatement la peau du poulet par la tête en passant la main entre la peau et la chair. N'oubliez pas les cuisses !

**10** Assaisonnez le poulet de l'intérieur.

11

12

13

14

**11** Versez la préparation dans un sac alimentaire ou une poche à douille.

**12 et 13** Lissez la pommade d'herbes sous la peau et répartissez-la bien en massant.

**14** Bridez le poulet en serrant les pattes et les ailes à l'aide d'une ficelle. Maintenez le poulet au frais si vous préparez cette recette à l'avance.

15

16

17

18

**15** Posez-le dans un plat à four avec ses abattis autour (pour corser le jus) et faites-le rôtir sans le tourner pendant 1 h 15 min. Vous pouvez également le cuire à la broche, à condition de l'avoir bien ficelé.

**16 à 18** L'idéal est de le laisser reposer une fois rôti. Vous pourrez ensuite le découper comme un poulet classique, le réchauffer en le laissant à la porte du four et le servir avec un gratin de penne.

#### Une sauce en plus ?

*Faites revenir 1 échalote émincée dans 10 g de beurre. Déglacez avec 3 cl de vinaigre de xérès et laissez réduire. Ajoutez 5 cl de jus de poulet réduit, puis 2 cuil. à soupe de crème épaisse. Réduisez et montez au beurre (10 g). Salez et poivrez.*

# le gratin de “penne”

**Pour 8 personnes**

**Préparation : 30 min**
**Cuisson : 1 h 30**

160 g de penne rigate*

1/2 l de crème liquide

6 dl d'eau

30 g de jus de poulet déshydraté en poudre

1/2 cube de bouillon de pot au feu

1/2 cube de bouillon de volaille

40 g de chapelure dorée

40 g de gruyère râpé

40 g de parmesan râpé

8 tranches de cèpes déshydratés, à réhydrater dans l'eau tiède

**1** Versez dans une casserole les 6 dl d'eau aromatisée avec les 1/2 cubes de pot au feu et de volaille. Plongez-y les penne lorsque l'eau est à ébullition, cuisez-les « al dente », 5 minutes environ.

**2** Pendant la cuisson des penne, mettez à bouillir dans une autre casserole, le 1/2 l de crème liquide, ajoutez-y les 30 g de jus de poulet déshydraté et remettez à bouillir.

**3** Ajoutez à la crème les penne ainsi que leur eau de cuisson. Retirez du feu et laissez refroidir afin que les penne finissent de gonfler. Remuez de temps à autre à l'aide d'une spatule.

**4** Répartissez les penne dans des moules à gratin individuels, comptez environ 130 g par personne, ajoutez-y une tranche de cèpe réhydratée, le gruyère, le parmesan et la chapelure.

**5** Mettez au four à 180° (th. 7/8), pendant 8 minutes, et finissez sous le grill pendant 2 minutes, afin que l'ensemble gratine joliment.
*Servez sans attendre.*

* La structure des penne rigate est fine, élancée, taillée en biseau aux extrémités, exactement comme les précieuses plumes à encre de cuivre, d'argent et d'or qui servaient autrefois à écrire. La profondeur de leurs rainures est une invitation à accueillir une diversité de sauces.

# l'art de prendre la température du gigot

*Le mieux est de disposer d'un thermomètre, mais ce n'est pas si fréquent. Voici comment procéder si vous n'en possédez pas.*

Attendez quelques minutes après avoir sorti votre gigot du four. Enfoncez le doigt entre la viande et l'os du côté du quasi (partie la plus charnue).
Si la viande est tiède, c'est cuit !
Si vous avez peur de vous brûler, vous pouvez glisser une baguette chinoise en bois le long de l'os, attendre 30 secondes avant de la poser sur votre lèvre supérieure, elle doit être tiède.

# l'art de pincer les sucs

*Parties colorées, autres que le gras, les sucs proviennent de la cuisson des protéines. Il faut les fixer au fond du plat bien chaud avant de les récupérer pour corser les sauces et les jus.*

**1** Mettez le plat sur le feu jusqu'à ce que les sucs caramélisent en collant au plat. Videz la graisse (les bons sucs restent accrochés) et ajoutez environ 10 cl d'eau froide (l'eau chaude troublerait le jus).

**2** Placez le tout sur le feu, salez, poivrez à votre goût et grattez les sucs caramélisés pour former la sauce. Laissez réduire.

**3** Filtrez et réservez.

# l'art de faire croustiller la pomme de terre

*Pour qu'elle soit bien croustillante, il faut la débarrasser de son amidon. Le plus efficace est de la laisser tremper dans l'eau.*

**1** L'eau chaude accélère le processus. On s'en sert donc pour cuisiner les pommes de terre dans l'heure qui suit. Découpez-lez avant de les tremper. Cela permet également d'éviter qu'elles attachent à la cuisson.

**2** Pour un maximum de croustillant, vous pouvez même aller jusqu'à 48 heures de trempage des pommes de terre pelées entières, dans de l'eau froide !

**3** Séchez bien les pommes de terre avant de les faire sauter.

# le gigot d'agneau
## aux pommes de terre confites

# le gigot d'agneau de lait

## aux pommes de terre confites

**Pour 4 personnes**

**Préparation : 30 min**
**Repos : 1 h 20 - Cuisson : 45 min**

### Pour la viande

1 gigot d'agneau de lait de 1 kg brut (800 g environ, une fois paré par votre boucher) + quelques parures d'agneau

2 cuil. à soupe d'huile d'olive

2 gousses d'ail

2 branches de thym

3 feuilles de laurier ou 1 brin de romarin

sel, poivre.

### Pour les pommes de terre confites

1 kg de pommes de terre (bintje ou agria)

10 cl de fond de volaille (maison ou préparé avec du fond de volaille lyophilisé)

1 gousse d'ail

3 brins de thym

2 cuil. à soupe d'huile d'olive

30 g de beurre

3 brins de persil plat

### Coup de main

*p. 54 L'art de prendre la température du gigot*

*p. 56 L'art de pincer les sucs*

*p. 58 L'art de faire croustiller la pomme de terre*

*Comme avec toutes les viandes rôties, cuisez à l'avance pour assurer une tendreté maximale. Il suffit de réchauffer avant de passer à table.*

**1** Arrosez le gigot d'huile d'olive, déposez dessus les aromates rincés et séchés et entourez des gousses d'ail en chemise, juste écrasées. Filmez et laissez reposer 1 h (au moins) à température ambiante. Préchauffez le four à 180 °C (th. 6).

**2** Placez un plat ou une cocotte allant sur le feu et au four (la fonte est idéale car elle répartit bien la chaleur) à feu vif. Quand le plat est bien chaud, faites dorer 5 min le gigot et les parures.

**3** Enfournez et laissez cuire 10 min. Ajoutez les herbes et l'ail. Laissez cuire encore 10 min. Pour obtenir une belle caramélisation des sucs en surface, n'oubliez pas d'arroser la viande régulièrement avec son propre jus. Testez la cuisson. Ajoutez 2 ou 3 minutes si nécessaire.

**4** Entourez le gigot de papier d'aluminium et laissez reposer de 20 min à 3 h avant de le servir, afin de permettre aux chairs de se détendre. Au-delà de 1 h 30 de repos, remettez le gigot au four à 160 °C quelques minutes avant de servir.

### Astuces

Pour être sûr que l'agneau soit « de lait », vérifiez que sa chair est rose pâle et que le gigot ne pèse pas plus de 1 kg.

Sortez les viandes du réfrigérateur 1 h à l'avance. Sinon, elles sont plus longues à « entrer en cuisson », le cœur cuit moins progressivement et le choc thermique risque de durcir les chairs.

Il est important de saler la viande avant de la cuire pour que le sel pénètre la croûte qui se forme autour de la pièce en début de cuisson.

**5 et 6** Pincez les sucs avec les aromates et les parures dans le plat. Laissez réduire la sauce. Filtrez et réservez.

## La préparation des pommes de terre confites

**7** Epluchez et taillez les pommes de terre en dés de 1 cm de côté environ. Plongez-les 2 min dans l'eau chaude pour les débarrasser de leur amidon.

**8** Séchez-les bien dans un torchon.

9

**9 et 10** Faites chauffer l'huile d'olive dans une poêle anti-adhésive jusqu'à ce qu'elle soit fumante. Faites-les dorer à feu vif en remuant de temps en temps. Baissez le feu et laissez cuire 10 min (vous pouvez réserver les pommes de terre et les remettre sur le feu juste avant de servir).

10

11

12

13

**11** Ajoutez le beurre, le persil puis la gousse d'ail en chemise juste écrasée et les herbes. Remuez le tout.
**12** Versez le fond de volaille. Remuez encore et laissez les pommes de terre absorber le liquide.

**13** Réchauffez le jus de viande avant de servir.

*Taillez de belles tranches dans le sens de l'os en faisant remonter le couteau vers vous, et non le contraire. Ça ne change rien, mais c'est plus élégant selon le chef.*

# l'art de
## cuire les légumes à la vapeur

*Posez les petits légumes bien à plat au-dessus de la vapeur, salez, et vérifiez toujours la cuisson avec la pointe d'un couteau.*

Un bon bouquet garni dans l'eau (ou, à défaut, un cube de bouillon) mettra en relief les arômes des légumes.
Vous pouvez ajouter une gousse de vanille* pour les légumes sucrés (potimarron, carotte), quelques graines de cardamome ou d'anis étoilé pour le fenouil ou le céleri.

** Récupérez les gousses de vanille déjà utilisées que vous avez mises à sécher.*

# l'art de finir de cuire un confit

*Dans le temps, les dames enfonçaient une vraie paille dans le confit, si elle pénétrait sans difficulté, c'était parfaitement cuit !*

A Eugénie-les-Bains, le confit est maison bien sûr, mais Michel regrette que celui que l'on trouve dans le commerce ne soit jamais assez confit. Je reconnais que le sien est extraordinairement fondant ! Si le temps vous manque pour confire maison, profitez-en pour achever la cuisson d'un confit du commerce en le faisant dorer à la poêle quelques minutes côté peau, puis en le laissant finir de cuire 15 à 20 min dans un bouillon. Il sera tendre, parfumé, allégé et le bouillon prendra un peu de son parfum !

# le pot-au-feu
## de joues de veau et de canard confit

# le pot-au-feu

## de joues de veau et de canard confit

**Pour 4 à 6 personnes**

**Préparation : 40 min - Cuisson : 3 h**
**Marinade : 3 jours**

### Pour le pot-au-feu

4 joues de veau parées (ou 2 de bœuf)
4 cuisses de canard confites
3 carottes, 1 poireau, 3 oignons,
4 branches de céleri, 2 gousses d'ail
3 clous de girofle, 1 bouquet garni

### Petits légumes

12 carottes avec leurs fanes
12 poireaux, 1/2 chou blanc
300 g de haricots verts
300 g de févettes (fraîches ou surgelées)
12 pommes de terre, 2 tomates

### Pour la sauce créosat

50 g de concombre
25 g de poivron vert
75 g d'oignon
20 g de tomate
10 g de cornichon, 10 g de câpres
1 œuf dur
1/2 cuil. à café de sauce Worcester
1/2 cuil. à café de moutarde
3 cuil. à soupe de vinaigre de vin
1 cuil. à café d'huile d'olive
1 gousse d'ail , 1 branche de thym,
1/2 feuille de laurier, sel, poivre

### Coup de main

*P. 68 L'ART DE CUIRE LES LÉGUMES À LA VAPEUR*

*P. 16 L'ART DE CHOISIR SON COUTEAU*

*P. 70 L'ART DE FINIR DE CUIRE UN CONFIT*

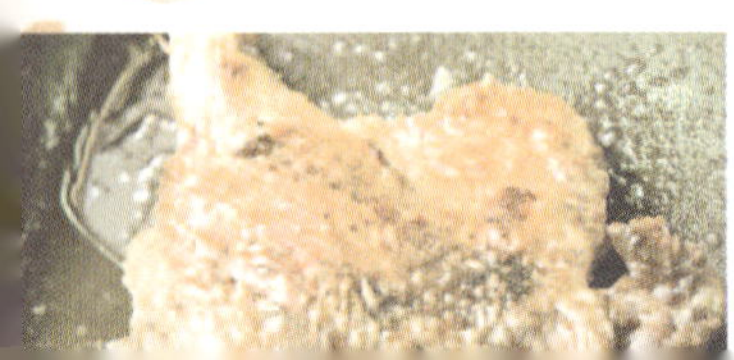

*Ce pot-au-feu revisité est au confluent des deux approches du chef : léger et original ! Vous pourrez également le faire avec des légumes nouveaux.*

1

2

3

## Trois jours avant, la sauce créosat

**1** Taillez les légumes en petits dés de 5 mm de côté : concombre, poivron, oignon, tomate fraîche, cornichon.

**2** Hachez l'œuf dur. Mélangez-le aux légumes dans un saladier, avec une fourchette pour ne pas écraser les morceaux. Dans un bol, délayez et préparez en marinade tous les ingrédients d'assaisonnement.

**3 et 4** Versez cette sauce dans le saladier des légumes, ajoutez les câpres, effeuillez le thym et mélangez bien le tout avec une fourchette. Réservez au réfrigérateur et laissez macérer au moins 3 jours.

4

**LE POT-AU-FEU**

**5 et 6** Coupez en deux un oignon sans l'éplucher et faites-le colorer dans une poêle à sec, côté chair. Vous pouvez aussi le poser sur une feuille d'aluminium directement sur votre plaque électrique. Celui-ci permet de colorer le bouillon.

**7 et 8** Mettez les joues dans une grande casserole, ajoutez de l'eau froide, portez à ébullition et écumez régulièrement jusqu'à disparition de l'écume.

**Astuce**

Vous pouvez utiliser de plus gros légumes, coupés en tronçons. Dans tous les cas, n'oubliez pas qu'ils n'ont pas tous le même temps de cuisson. Faites un test en enfonçant la pointe d'un couteau.

**9** Pendant ce temps, épluchez et nettoyez les carottes, le poireau, les oignons, le céleri, le bouquet garni et ajoutez-les ainsi que l'oignon préalablement coloré, les gousses d'ail non épluchées et les clous de girofle dans la casserole où cuisent les joues. Laissez mijoter doucement pendant 2 h à 2 h 30. Vérifiez la cuisson à l'aide de la pointe d'un couteau, la joue doit être moelleuse. Salez et poivrez.

**10 et 11** Faites cuire séparément les légumes dans de l'eau bouillante salée, car chacun a un temps de cuisson différent. Vérifiez la cuisson à l'aide d'un couteau. Plongez les tomates dans l'eau bouillante quelques secondes, épluchez-les, coupez-les en deux et épépinez-les.

12

13

**12** Faites colorer, côté peau, les cuisses de canard confites et rajoutez-les aux joues afin que le bouillon prenne légèrement le parfum du confit de canard.

**13 et 14** Réchauffez les légumes à la vapeur. Dressez sur un grand plat les viandes au centre, puis tout autour les légumes avec un peu de bouillon.

*Servez la sauce créosat à part.*

14

# l'art de beurrer un moule

*Pour aider un soufflé à monter, la préparation du moule, quelle que soit sa taille, est essentielle.*

1

2

3

4

**1 à 3** Faites ramollir un peu de beurre. Choisissez un pinceau de bricolage large en soie naturelle, plutôt qu'un pinceau de cuisine. Beurrez du bas vers le haut, jusqu'au rebord, ceci indique le « sens de pousse » au soufflé. Si on oublie de beurrer le rebord des moules, le soufflé risque d'accrocher en montant.

**4** Déposez 1 cuil. à soupe bombée de sucre dans chaque moule et faites glisser le sucre le long des parois en tournant pour qu'il se colle au beurre.

Procédez de la même façon pour les moules à gâteau, en remplaçant le sucre par de la farine.

Ne mettez surtout pas vos doigts à l'intérieur des moules !

# l'art de

## confire les zestes

*On peut confire les zestes de tous les agrumes. Veillez à adapter le temps de cuisson à leur largeur de découpe, et à les choisir sans traitement après récolte.*

1

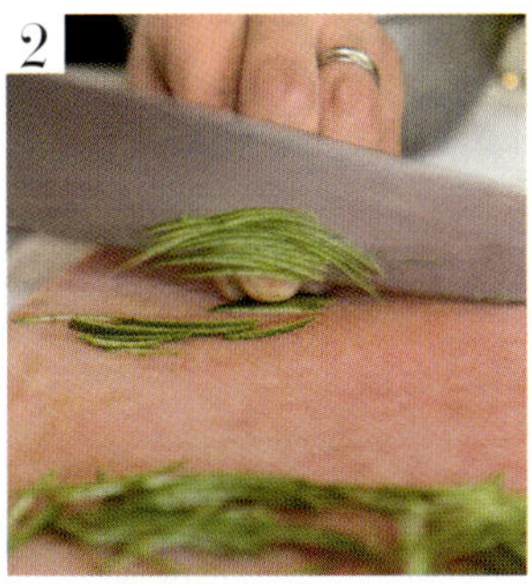
2

3

4

**1 et 2** Lavez le citron, prélevez le zeste au zesteur ou à l'aide d'un Econome (sans la peau blanche). Taillez-le en allumettes très fines.

**3** Couvrez le zeste d'eau froide et portez à ébullition sur feu vif. Egouttez, puis recommencez deux fois en jetant l'eau à chaque fois, vous débarrasserez ainsi le zeste de son amertume.

**4** Dans une casserole, mélangez 10 cl d'eau et 120 g de sucre, ajoutez le zeste blanchi et portez à ébullition. Laissez confire pendant 6 min dans le sirop frémissant. Egouttez-le et laissez refroidir dans une assiette.

# le soufflé léger
## à la pomme et au citron vert

# le soufflé léger

## à la pomme et au citron vert

**Pour 4 personnes**

**Préparation : 50 min**
**Cuisson : de 8 à 12 min**

3 pommes (si possible chantecler ou bellechar)

1 citron vert (choisissez un citron très ferme, signe de fraîcheur, le zeste sera plus facile à prélever)

2 jaunes d'œufs

8 blancs d'œufs

180 g de sucre ou 90 g de fructose

20 g de beurre

*C'est l'un des tout premiers desserts de la cuisine légère, mouvement initié par Michel Guérard dans les années 70. Très peu de sucre, pas de farine ni de matière grasse… du pur plaisir.*

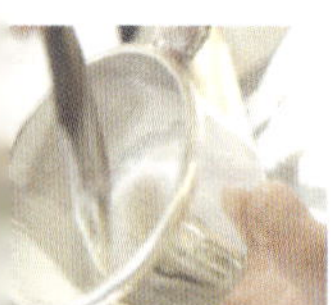

**Coup de main**

***p. 80*** *l'art de beurrer le moule*

***p. 82*** *l'art de confire les zestes*

***p. 304*** *l'art de monter les blancs*

**La compote de pommes au zeste de citron**

**1** Sortez le beurre du réfrigérateur 1 h à l'avance. Lavez le citron, prélevez le zeste au zesteur (ou à l'aide d'un couteau Econome) avant de le tailler en allumettes très fines. Blanchissez-les puis faites-les confire 6 min dans un sirop fait de 10 cl d'eau et 120 g de sucre. Egouttez-le et laisser refroidir à température ambiante.

1

2

3

**2 et 3** Lavez les pommes et coupez-les en quatre puis chaque quartier en quatre morceaux. Mettez-les dans une casserole, ajoutez 2 cuil. à soupe d'eau, couvrez et laissez cuire 15 min env.

4

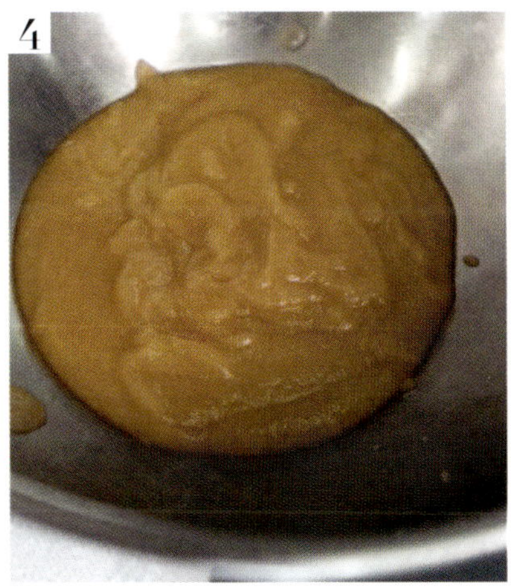

**4** Mixez et laissez refroidir.

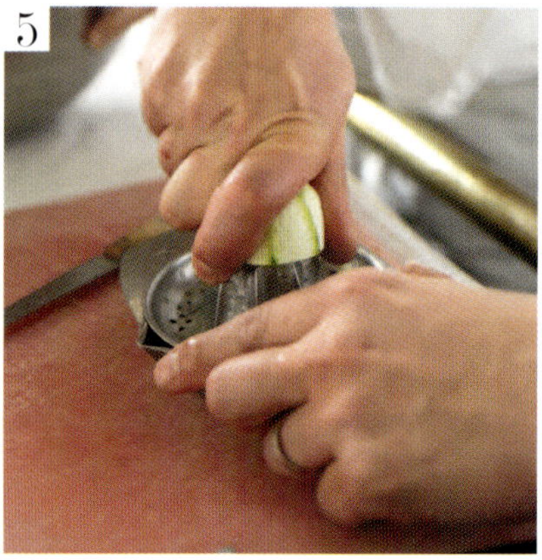

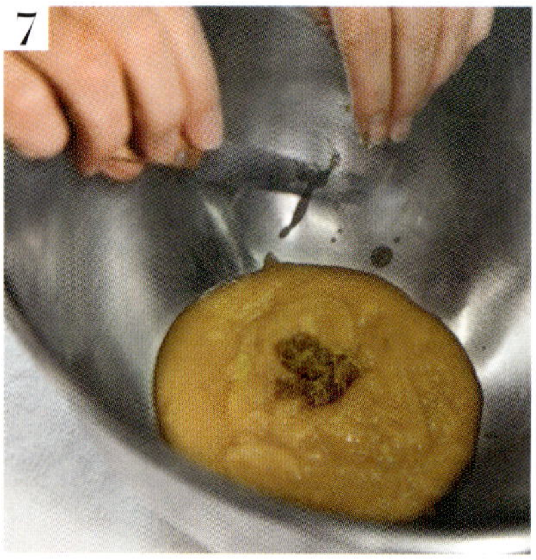

**Astuce**

Ne jetez rien ! Les pépins apportent de la tenue à la compote car ils contiennent un gélifiant naturel, la pectine, et la peau concentre les saveurs du fruit. C'est dommage de peler les pommes lorsqu'on les prépare en compote.

**5 à 7** Ajoutez le jus du citron, les jaunes d'œufs et le zeste confit, mélangez avec un fouet.
Beurrez les moules à l'aide d'un pinceau jusqu'au rebord.
Chemisez-les avec du sucre et réservez.

### L'APPAREIL À SOUFFLÉ

**8** Montez les blancs en neige avec un fouet. Ajoutez 40 g de sucre quand ils sont déjà bien montés. Il ne faut pas chercher à trop fouetter, cela évite de les casser lorsqu'on les incorpore et leur donne une marge de gonflement.

8

9

10

**9 et 10** Incorporez les blancs dans la préparation aux pommes à l'aide d'une spatule en les soulevant délicatement.

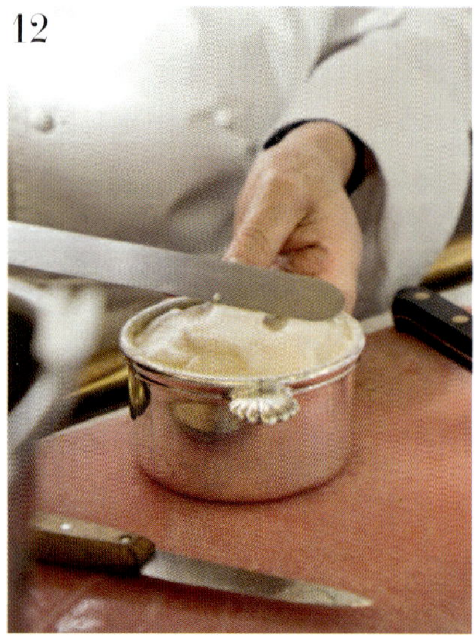


**11 et 12** Répartissez dans les moules à ras bord, lissez à la spatule (sans toucher les rebords).

**13** Mettez à cuire dans un four ventilé, sur la plaque brûlante, pendant 8 min à 200 °C (th. 6-7).
Michel Guérard utilise des moules en argent, qui est un bon conducteur de chaleur. Comptez 12 min pour des moules en porcelaine. Servez sans attendre.

*Vous pouver adapter ce soufflé aux fruits de saison. Bien mûrs, certains fruits comme les pêches peuvent être mixés crus.*

# ÉTÉ

TOMA

# l'art d'équilibrer la saveur des tomates

*Toutes les tomates ne se valent pas et les différences de saveur peuvent déséquilibrer votre plat.*

Selon la saison, le mode de production (plein champ, hors sol...) et la variété, les tomates présentent des taux de sucre et d'acidité très variables. Goûtez-les avant de les cuisiner et n'hésitez pas à saupoudrer de sucre en poudre une tomate un peu acide ou à répartir un trait de vinaigre ou de jus de citron sur une tomate très mûre.

# la soupe de tomate,
## glace aux trois moutardes

# la soupe de tomate,

## glace aux trois moutardes

**Pour 6 personnes**

**Préparation : 20 min**
**Cuisson : 10 min - Repos : 2 à 3 h**
**Prise en sorbetière : 1 h**
**ou Congélation : 5 h**
**Marinade (gaspacho) : 2 h**

**Pour les quenelles de glace**

15 cl de lait
15 cl de crème fleurette
4 jaunes d'œufs
16 g de moutarde de Meaux
25 g de moutarde de Dijon
5 g de wasabi (moutarde verte japonaise)
le jus de 1/2 citron vert
10 g de sucre
20 g de gingembre confit

**Pour la soupe**

700 g de tomates fraîches pelées et épépinées (soit 1 kg brut)
100 g de ketchup
30 g de concentré de tomates
5 cl de vinaigre de xérès
5 cl d'huile d'olive
le jus de 1 citron
sel, poivre
quelques pousses de basilic rouge et vert pour la décoration

*Cette soupe est un gaspacho « rebiscoulé », comme dit le chef, accompagnée d'une glace pleine de tonicité. Je ne résiste pas à l'envie de la baptiser Guéraspacho.*

**Coup de main**

*P. 94 L'art d'équilibrer la saveur des tomates*

1

2

3

**Les quenelles de glace**

**1** Portez le lait à ébullition.
**2** Pendant ce temps, fouettez les jaunes d'œufs avec le sucre dans un grand bol jusqu'à ce qu'ils deviennent mousseux.

**3** Versez le lait sur les jaunes en mélangeant vivement.

**Astuce**

La recette peut être préparée en toute saison, avec des tomates pelées en boîte au naturel.

4 Reversez le tout dans la casserole nettoyée et poursuivez la cuisson sur feu doux.

5 Remuez sans cesse pour que la crème n'attache pas. Arrêtez la cuisson avant l'ébullition, sinon elle « tombera ».

### Astuce

On peut obtenir une très bonne glace sans sorbetière. Pour cela, versez la préparation (froide) dans un récipient évasé, placez-le au congélateur. Fouettez au bout de 3 h, puis remettez à congeler 2 h env. Fouettez une dernière fois avant de servir.

6 Dans un bol, mélangez la crème fleurette, les trois moutardes, le jus de citron et le gingembre haché fin.

7 Versez la crème sur ce mélange, fouettez et laissez refroidir 2-3 h puis placez 1 h en sorbetière (si vous n'en avez pas, voyez ci-contre en haut).

8

10

9

**La soupe de tomate**

**8** Coupez les tomates pelées et épépinées en quartiers.
**9** Salez et poivrez, puis ajoutez le ketchup, 20 cl d'eau, le vinaigre de xérès, le concentré de tomates et le jus de citron (attention, l'ajout de jus de citron dépend de l'acidité naturelle des tomates : ne versez pas tout, vous rectifierez éventuellement après avoir mixé).

**10** Laissez la préparation (couverte) mariner 2 h au frais.

**Astuce**

Ajoutez un peu de sucre à l'assaisonnement, pour corriger l'acidité des tomates… surtout si elles sont en conserve.

**Astuce**

Pour éviter d'émulsionner, ce qui aurait pour effet de blanchir la soupe, mixez à la puissance minimale. C'est pour la même raison qu'on n'incorpore l'huile qu'après avoir mixé.

11

12

**11** Passez les tomates au mixeur à faible vitesse.
**12** Reversez la soupe dans une grande jatte.

13

14

**13** Versez l'huile d'olive dans la soupe et mélangez.

**14** Rectifiez l'assaisonnement selon votre goût.

*Versez le gaspacho dans de grandes assiettes creuses glacées. Formez des quenelles de glace, posez-les délicatement, puis décorez de quelques pousses de basilic et d'un filet d'huile d'olive.*

# l'art de rester jeune

*Ou comment tirer toutes les leçons de son apprentissage.*

Michel Guérard a fait son apprentissage chez un pâtissier-traiteur au sortir de la guerre. « J'y ai appris l'économie domestique » nous confie-t-il. « Nous fabriquions tout nous-mêmes : les quenelles, les pâtes fraiches, les petits LU... Nous avions même un arpent de vigne dont nous tirions le vin pour la cuisine ! Notre devise aurait pu être : "ne jamais être pris au dépourvu." Après cet enseignement, « tout est plus facile » dit-il, un sourire malicieux aux lèvres. Il aurait peut-être manqué au jeune cuisinier la connaissance du produit. Mais ses parents, bouchers, lui enseignent l'art de reconnaître et d'identifier les meilleurs morceaux, les volailles et les gibiers. Et ses premières places le conduisent aux halles plusieurs fois par semaine...

Aujourd'hui, il aime à former de jeunes cuisiniers qui, en un ou deux ans de maison, font le tour des différentes parties : sauces et viandes, poissons, entremets, minceur, boulangerie et pâtisserie, gril à la cheminée.

Après cet enseignement, tout sera plus facile !

# la queue de lotte
## au lard noir de Bigorre

# la queue de lotte

## au lard noir de Bigorre

**Pour 6 personnes**

**Préparation : 20 min**
**Cuisson : 20 min**

6 petites queues de lotte de 220 g env., pelées par votre poissonnier

18 tranches fines de poitrine de porc

10 cl d'huile d'olive

5 cl de vinaigre balsamique

10 cl de vinaigre d'alcool

1 branche de thym

1 feuille de laurier

sel, poivre

*Le fameux jambon noir de Bigorre vient d'un porc gascon élevé pendant dix-huit mois. Son lard est certes plus gras que celui du cochon blanc, mais le maigre est plus savoureux.*

**1** Préchauffez le four 180 °C (th. 6). Etalez 3 tranches de lard en les superposant légèrement. Placez une queue de lotte dessus et emmaillotez-la. Idem pour les autres queues. Réservez jusqu'à la cuisson.

**2** Laissez réduire d'un tiers le vinaigre balsamique. Cela donne du goût et retire de l'acidité aux vinaigres prétendument balsamiques que l'on trouve en France. Une fois réduit, il se rapproche du jus sirupeux fabriqué dans la région de Modène, en Italie. Mélangez cette réduction à l'huile d'olive, salez et poivrez, mais sans émulsionner.

**3** Faites dorer les lottes 5 min à feu assez vif dans une poêle sèche. Déposez une feuille de laurier et une branche de thym avant d'enfourner. Laissez cuire encore 5 min.

**4** Michel conseille de déposer la lotte cuite sur une grille, au-dessus d'une assiette, car ce poisson « crache » de l'eau. Il vous suffira de le réchauffer 2 min à la poêle avant de servir.

**Astuce**

Une astuce que le chef confesse avoir piquée aux Espagnols : pour éviter de surcuire les poissons épais et pour « réveiller » leur saveur, arrosez l'intérieur de vinaigre blanc bouillant.

5

6

**5** Portez le vinaigre blanc à ébullition dans une petite casserole. Dans chaque assiette, déposez une queue de lotte. Découpez-la le long de l'arête et arrosez l'intérieur des chairs de quelques cuillères de vinaigre bouillant.

**6** Arrosez la lotte de vinaigrette.

*Servez avec de la purée, quelques feuilles de mesclun et du persil (ou des pignons de pin).*

# l'art de réchauffer la purée

*Versez 2 à 3 cuillères à soupe de lait afin de recouvrir uniformément la purée pour ne pas qu'elle sèche. Réchauffez-la, au bain-marie et incorporez le lait au moment de servir.*

**POUR 6 PERSONNES**

**PRÉPARATION : 30 MIN**

4 pommes de terre d'environ 150 g chacune, soit 600 g de pommes de terre

80 g de beurre

120 g de crème liquide

Maintenant que vous savez la réchauffer, voici comment préparer la purée.

**1** Mettez à cuire les pommes de terre en robe des champs dans une casserole d'eau salée. Une fois cuites, épluchez-les puis passez-les au presse-purée afin d'obtenir 500 g de pulpe de pommes de terre.

**2** Dans une autre casserole, mettez à bouillir la crème liquide. Dès qu'elle est à ébullition, ajoutez la pulpe de pommes de terre chaude. Mélangez vivement à la spatule et maintenez cette préparation au bain-marie.

**3** Au moment de servir la purée, incorporez le beurre froid coupé en petits morceaux dans la purée chaude, tout en mélangeant à la spatule.

**4** Rectifiez l'assaisonnement en sel et servir aussitôt.

L'astuce est de ne pas mettre le beurre tout de suite afin d'empêcher qu'il ne remonte à la surface dans la purée, maintenue au bain-marie.

# l'art de lever un segment

*Vous pouvez lever les segments de tous les agrumes avec n'importe quel couteau bien aiguisé.*

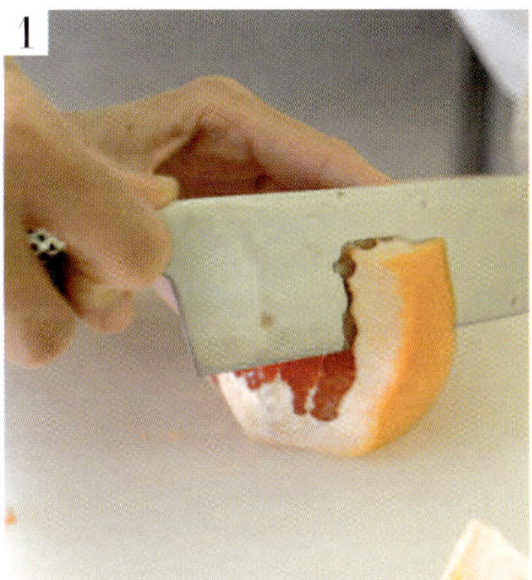

**1** Pelez l'agrume à vif en taillant la base et le sommet du fruit jusqu'à la chair. Posez l'agrume sur sa base et ôtez la peau sur les côtés en suivant l'arrondi du fruit.

**2** Détaillez ensuite le fruit en quartiers en commençant par couper le long d'une membrane.

**3** Soulevez le segment pour le détacher de la deuxième membrane sans avoir de perte.

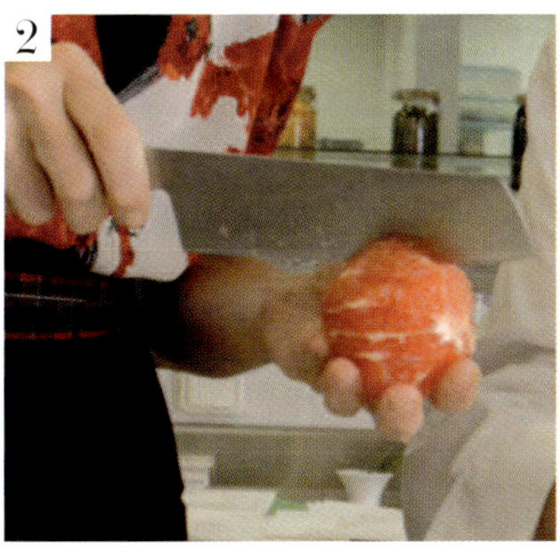

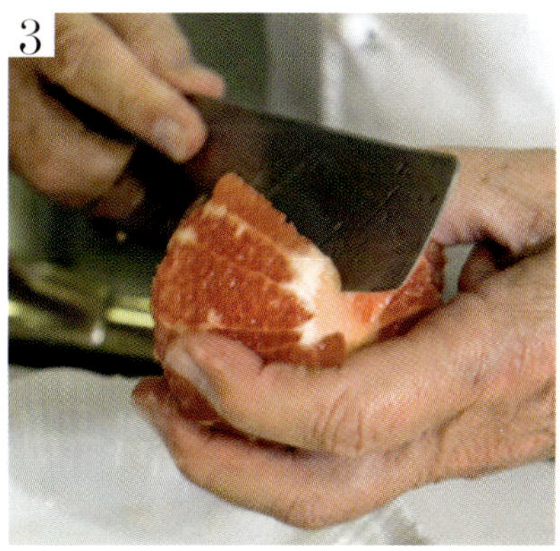

# la purée au pamplemousse

**Pour 6 personnes**

**Préparation : 20 min**
**Cuisson : 20 min**

1,5 kg de purée de pommes de terre préparée au lait et au beurre (pour aller plus vite, employez des flocons ou de la purée surgelée)

20 cl de crème fraîche liquide

1/2 pamplemousse rose

1 citron vert

sel, poivre

**1** Pelez à vif, à l'aide d'un couteau à large lame, les quartiers du 1/2 pamplemousse rose. Taillez ensuite le fruit en quartiers et enfin seulement en tout petits dés pour pouvoir parfaitement l'intégrer à la purée. Réservez dans une assiette.

**2** Pendant ce temps, faites chauffer à feu doux la crème fraîche liquide dans une grande casserole et incorporez la purée en remuant petit à petit. Salez et poivrez. Si vous avez le temps, privilégiez la purée maison, le résultat n'en sera que bien meilleur.

**3 et 4** Ajoutez le jus et le zeste haché du citron vert et les petits dés de pamplemousse rose.

*Décorez le dessus du plat avec des zestes et une très fine rondelle de citron. Réservez la purée au chaud.*

**Coup de main**

***P. 112** L'art de réchauffer la purée*

***P. 114** L'art de lever un segment*

# l'art de reconnaître la dorade royale

*La dorade royale est facilement reconnaissable à sa bague jaune entre les deux yeux. Mais elle est souvent issue d'élevage. Préférez la dénomination "grise royale", car les dorades grises sont très parfumées et toujours sauvages.*

# l'art de

## faire une coque de sel

*La coque de sel n'a rien à voir avec la croûte de sel. La croûte est une pâte souple, faite de farine, de gros sel, d'eau et de blancs d'œufs. La coque, plus simple à préparer et plus naturelle, est un mélange de gros sel et d'eau qui coagule en cuisant.*

**1** Humidifiez le sel avec 10 à 15 cl d'eau pour qu'il soit bien souple.

**2** Dans le fond d'un plat adapté à la taille du poisson, disposez une mince couche de gros sel.

**3** Couchez la dorade non écaillée dessus. Vous pouvez la parfumer avec les aromates de votre choix avant de finir la coque.

**4** Recouvrez avec le sel restant en tapotant du plat de la main. Lissez bien et ne laissez dépasser que la queue.

# la dorade

## en coque de sel

# la dorade en coque de sel

**Pour 2 personnes**
**Préparation : 30 min**
**Cuisson : 20 min**

1 dorade grise non écaillée - éventuellement royale - de 450 g env.

800 g de gros sel de mer

quelques brins de thym

5 feuilles de laurier

**Pour la sauce vierge**

2 tomates

1 gousse d'ail

quelques brins de cerfeuil, de persil plat et d'estragon

4 grains de coriandre

10 cl d'huile d'olive vierge extra

sel, poivre et sucre en poudre

*Si vous optez pour une dorade d'élevage, videz-la très soigneusement car elle est plus grasse que la sauvage.*

**1** Préchauffez le four à 200 °C (th. 6-7). Videz le poisson et sectionnez la nageoire dorsale. Il ne faut surtout pas retirer les écailles, car elles protègent la chair du poisson et permettent de mieux retirer la peau après cuisson. Mettez la moitié du thym et une feuille de laurier coupée en deux à l'intérieur de la dorade.

1

**Coup de main**

*P. 94 L'ART D'ÉQUILIBRER LA SAVEUR DES TOMATES*

*P. 114 L'ART DE LEVER UN SEGMENT*

*P. 118 L'ART DE RECONNAÎTRE LA DORADE ROYALE*

*P. 120 L'ART DE LA COQUE DE SEL*

2

3

4

**2** Humidifiez le sel avec 10 à 15 cl d'eau pour qu'il soit bien souple. Dans le fond d'un plat adapté à la taille du poisson, disposez une mince couche de gros sel, couchez la dorade dessus, parsemez du reste des herbes.

**3** Recouvrez avec le sel restant en tapotant du plat de la main. Lissez bien et ne laissez dépasser que la queue.

**4** Enfournez et faites cuire pendant 20 min.

**5 à 7** Testez la cuisson en enfonçant la pointe d'un couteau au centre du poisson. S'il ressort tiède, c'est cuit.

5

6

7

8

## LA SAUCE VIERGE

**8 et 9** Ebouillantez les tomates, pelez-les, coupez-les en quatre et ôtez les graines (réservez-les dans un bol) à l'aide d'un couteau à lame fine. Coupez la chair en tout petits dés. Salez et sucrez légèrement les graines et mettez-les à égoutter dans une étamine. Réservez le jus qui va s'écouler car il est absolument délicieux.

9

### ASTUCE

SERVEZ LE JUS DES TOMATES en accompagnement du poisson, dans un petit verre.

10

11

**10 et 11** Lavez les herbes, séchez- les et ciselez-les (pour avoir 1 cuil. à soupe de chaque). Avec le plat du couteau, écrasez les grains de coriandre.

12

13

**12 et 13** Dans un bol, mettez les dés de tomates, ajoutez la coriandre, l'ail émincé, les herbes ciselées et l'huile d'olive. Salez et poivrez.

**14 et 15** Petite concession à la recette originelle : le chef propose d'ajouter des dés de citron pour vivifier la sauce. Pelez à vif un citron vert (ou jaune), dégagez les segments et coupez-les en petits dés. Ajoutez-les dans la sauce au dernier moment : le citron flétrit et colore les herbes, et si on l'ajoute trop tôt, elles vont virer au kaki.

### Astuce

LES HERBES SONT COUPÉES AU DERNIER MOMENT. « Elles doivent se révéler dans un geste immédiat », note le chef.

14

15

16

17

18

19

**La présentation**

**16** Découpez un grand chapeau sur le dessus de la coque de sel et détachez-le pour dégager le poisson.

**17 à 19** Avec un petit couteau pointu, découpez la peau et levez les filets à l'aide d'une pelle à tarte pour ne pas risquer de les briser. Déposez-les côte à côte dans l'assiette. Répartissez un peu de sauce autour et décorez avec un brin de thym.

*Michel Guérard accompagne cette dorade d'une paysanne de poireaux à l'orange.*

# la paysanne de poireaux
## à l'orange

**Pour 2 personnes**

**Préparation : 15 min**
**Cuisson : 10 min**

500 g de poireaux
30 g de beurre
9 cuil. à soupe de jus d'orange
sel
poivre

1

2

3

**1** Tranchez l'extrémité portant les racines des poireaux, puis, éliminez la presque totalité de leur partie verte. Refendez-les en 4 dans le sens de la longueur, pour en faciliter le lavage.

**2** Emincez-les grossièrement et faites-les blanchir 3 min, à l'eau bouillante salée. Égouttez-les et plongez-les dans de l'eau glacée. Égouttez-les à nouveau soigneusement.

**3** Dans une poêle, faites chauffer le beurre jusqu'à ce qu'il prenne la couleur noisette. Ajoutez les poireaux, remuez rapidement à la spatule et versez le jus d'orange. Mélangez bien à l'aide d'une fourchette. Vérifiez l'assaisonnement.

*On peut également ajouter quelques zestes d'orange.*

# l'art d' assaisonner la viande

*La controverse bat son plein sur l'opportunité d'assaisonner la viande avant ou après la cuisson.*

Michel Guérard fait partie de ceux (comme Alain Ducasse, qui fut d'ailleurs son élève) qui préconisent de saler la viande avant de la cuire pour que le sel pénètre et s'intègre à la croûte qui se forme à la cuisson. Notez que ce conseil ne vaut pas pour les abats que les cristaux de sel pigmentent sous l'effet de la chaleur. Enfin, les pièces très charnues, comme la côte de boeuf, doivent être resalées une fois tranchées.

# l'art de préparer un magret

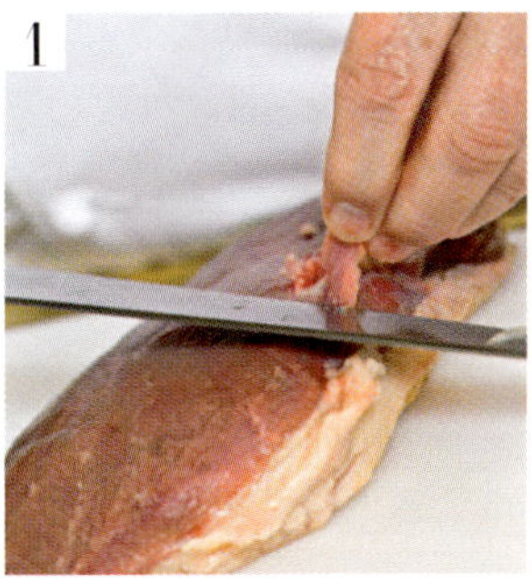


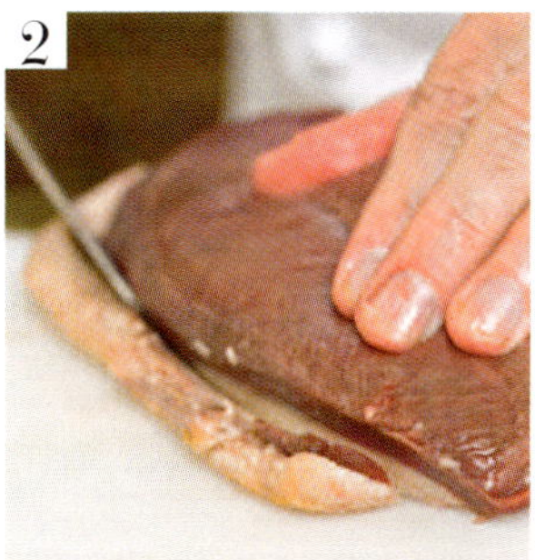


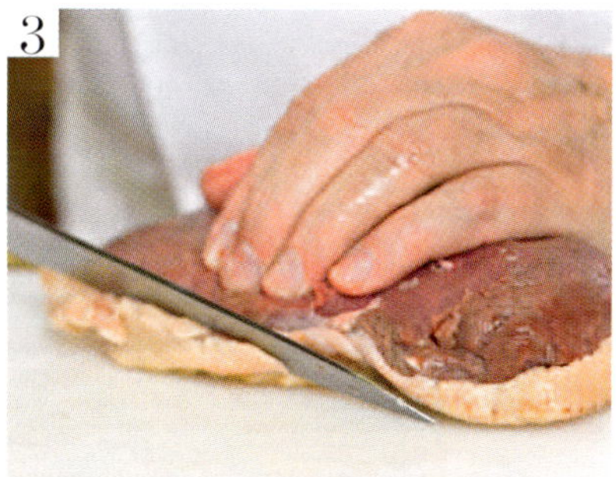


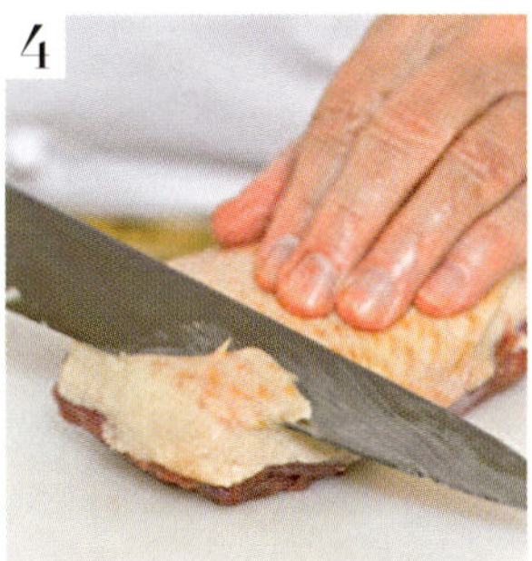

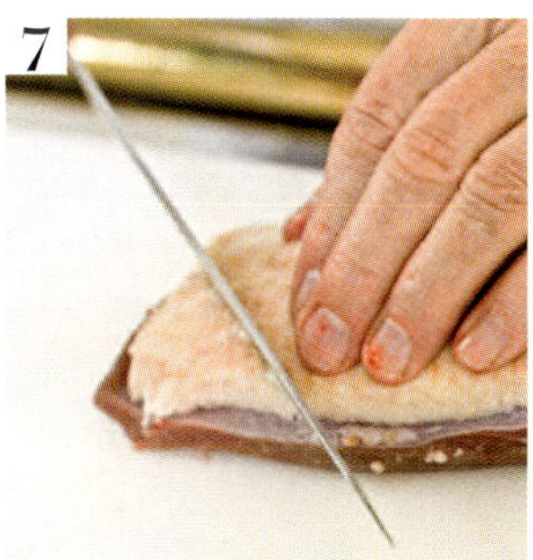


**1** Dénervez en éliminant, à l'aide d'un petit couteau d'office, les quelques membranes nerveuses apparentes côté chair maigre.

**2 et 3** Retirez le gras superflu en tournant autour du magret et en orientant votre couteau vers l'intérieur. Ainsi le gras sera un peu moins large que le maigre.

**4 et 5** Retournez le magret et n'hésitez pas à désépaissir la peau sur les bords.

**6 et 7** Incisez ensuite les filets, côté peau, en les quadrillant en losanges. Salez.

# la grillade de canard
## aux pêches

# la grillade de canard

## aux pêches

**Pour 4 personnes**

**Préparation : 30 min**
**Cuisson : 20 min**

2 magrets de canard gras des Landes (350 g pièce env.)

fleur de sel, poivre du moulin

**Pour la compotée de pêche**

1 pêche pelée bien mûre ou au sirop égouttée (150 g)

2 ou 3 oignons (250 g env.)

20 g de graisse d'oie ou de beurre

3 cuil. à soupe de crème fraîche

3 feuilles de laurier

3 clous de girofle

1 pincée de sucre

poivre noir concassé

**Pour le jus d'herbes**

12 cl de jus de poulet rôti (ou jus en poudre dilué)

15 g d'échalote hachée finement

10 cl d'huile d'olive

15 g de beurre

6 g d'herbes fraîches lavées et ciselées (persil, estragon, fleur de thym)

quelques gouttes de sauce de soja et de vinaigre balsamique

1 pincée de poivre noir concassé, sel

*Cette recette résume bien la démarche du chef. Cuire le beau produit au plus simple et chercher les harmonies les plus pures comme le mariage oignon/pêches. Encore un plat rapide, simple et pas trop onéreux.*

**La préparation**

**1** Dénervez vos magrets. Incisez les filets, côté peau, en les quadrillant en losanges. Cette opération n'a pas seulement un but décoratif, elle permet à la peau de libérer un maximum de graisse. Ainsi, la chair sera mieux nourrie et la peau, plus digeste pour les gourmands qui la mangent.

**Coup de main**

*P. 132 l'art d'assaisonner la viande*

*P. 134 l'art de préparer un magret*

**2 et 3** Epluchez et émincez les oignons. Faites-les cuire avec la graisse d'oie ou le beurre et le sucre, pour qu'ils prennent une belle couleur caramel.

**4** Saupoudrez la chair des magrets de fleur de sel et de poivre fraîchement moulu. Faites cuire les magrets traditionnellement dans la cheminée.

### Astuce

Si l'on a la chance de pouvoir cuire les magrets sur le gril, il faut absolument les dégraisser au maximum préalablement pour éviter que les graisses qui tombent sur les braises ne se transforment en flammes.

**5** Sans gril, déposez les magrets côté peau dans une cocotte en fonte chauffée à feu moyen et laissez cuire de 8 à 10 min. Leur graisse va fondre et les empêcher d'attacher. Retournez-les et laissez-les cuire, côté chair en dessous, encore 3 min.

**6** Sortez-les de la cocotte et laissez-les reposer pendant 7 ou 8 min, pour donner ainsi à la chair le temps de se détendre. Le chef conseille de surélever légèrement la viande pour éviter qu'elle ne baigne dans son jus. Une petite assiette retournée fait très bien l'affaire. Couvrez le tout pour garder la chaleur.

**7** Versez 2 cuil. de la graisse lâchée par les magrets dans la poêle des oignons, ajoutez le laurier et les clous de girofle et poursuivez la cuisson.

8

9

**Astuce**

Pour ne pas abîmer les lamelles de pêche, le chef les coupe directement autour du noyau plutôt que d'appuyer le fruit sur le plan de travail.

**8 et 9** Coupez la pêche en seize quartiers.

**10** Mélangez délicatement les lamelles au confit d'oignon.
**11** Ajoutez quelques grains de poivre noir concassé. Versez et mélangez la crème fraîche. Tenez le plat au chaud.

10

11

12

**12 et 13** Découpez les magrets légèrement en biais en tranches de 0,5 à 1 cm d'épaisseur et servez-les aux convives, sur des assiettes chaudes, après y avoir déposé la compotée de pêche. On pourra y ajouter quelques grosses frites au sel.

### Option minceur

*Le jus d'herbes remplace la crème fraîche. Tous les ingrédients sont à mélanger au dernier moment et à faire chauffer dans une petite casserole. Servez-le dans une saucière.*

13

### Marinade à mélanger à froid

10 cl d'eau froide

50 g de poudre de lait

25 g de fécule de pomme de terre

60 g d'huile de tournesol

30 g de sucre semoule

sel

### Un magret bien tendre

Si vous voulez assurer une tendreté inimitable à vos magrets et faire l'admiration de vos amis, je vous propose une marinade insolite, que vous pourrez d'ailleurs utiliser pour d'autres viandes rouges.

*Rangez les magrets dans un petit sac en plastique et couvrez-les de la marinade. Fermez le sac et laissez 12 h au réfrigérateur en remuant de temps en temps le sac et son contenu. Au sortir de la marinade, essuyez bien les magrets avant de les griller ou de les rôtir. Au même titre que le yaourt pour les tandooris, les enzymes du lait « attaquent » les fibres de la viande et l'attendrissent délicatement.*

# l'art d'
## infuser la verveine

*L'infusion apporte un goût subtil à vos desserts à base de crème ou de lait, mousses, glaces, flans... Elle parfume aussi du lait légèrement sucré pour les enfants, à boire chaud ou froid.*

**1** Faites chauffer ensemble 75 cl de lait, 120 g de sucre en poudre et 25 cl de crème. Lorsque le mélange bout, éteignez le feu et ajoutez 50 g de verveine citronnelle fraîche (si possible) ou 30 g de sèche.

**2** Veillez à immerger complètement les feuilles.

**3** Retirez du feu et couvrez pendant les 15 minutes d'infusion. Filtrez au travers d'une passoire et pressez bien les feuilles pour récupérer tous les parfums.

# l'art de
## faire un coulis de fruits rouges

1

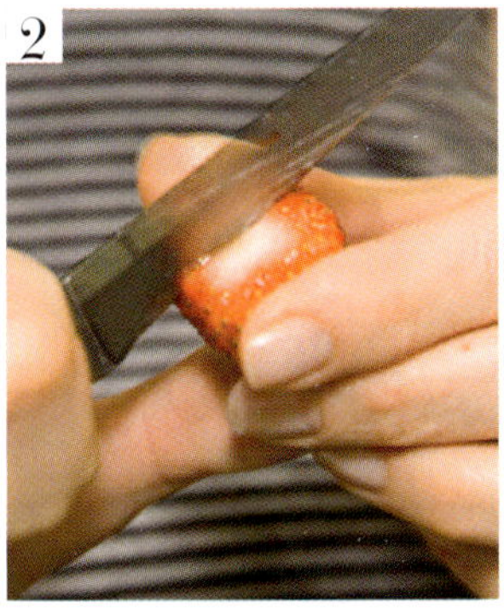
2

3

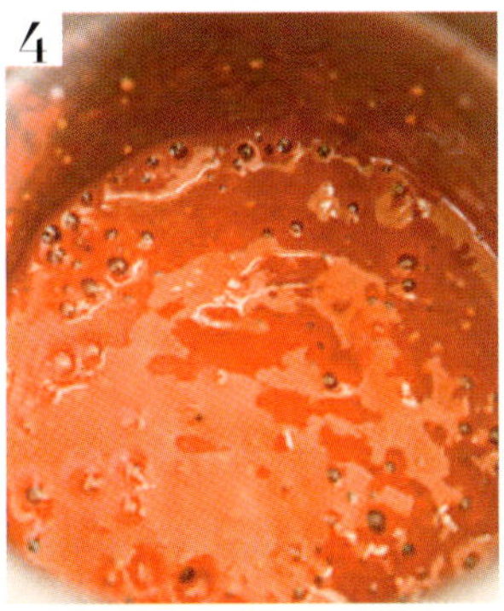
4

5

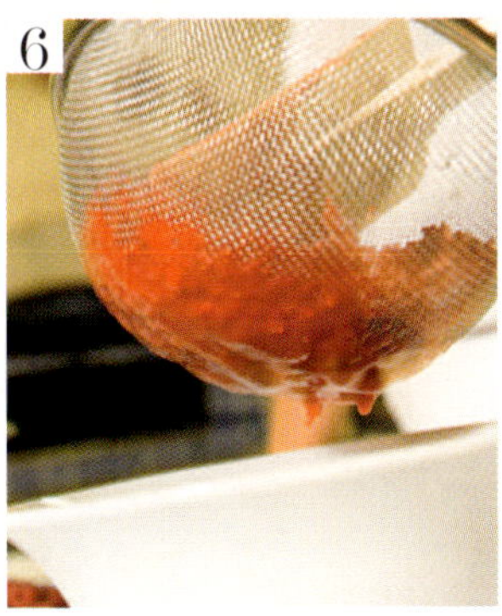
6

**1 et 2** Rincez les fraises sous un filet d'eau fraîche. Equeutez-les et coupez-les en deux. Ne passez pas les framboises sous l'eau.

**3** Mixez-les avec 50 g de framboises à l'aide d'une girafe (un mixeur plongeant).

**4** Goûtez car selon la qualité et la saveur des fruits, on peut ajouter un peu de sucre ou un filet de citron.

**5** Passez ce coulis au chinois pour ôter les pépins.

**6** Ecrasez bien la pulpe avec une marise ou une cuillère en bois pour récupérer le maximum de pulpe de fruits. Réservez au frais.

# la panna cotta
## à la verveine et son coulis de fruits rouges

# la panna cotta

## à la verveine et son coulis de fruits rouges

**Pour 8 personnes**

**Préparation : 25 min**
**Cuisson : 10 min**
**Repos : 1 nuit**

75 cl de lait 1/2 écrémé

25 cl de crème liquide

120 g de sucre en poudre

50 g de feuilles de verveine citronnelle fraîche + 8 brins pour le décor

250 g de framboises

125 g de fraises

5 feuilles de gélatine (12,5 g)

*La verveine citronnelle du jardin de Christine Guérard rend cette recette exceptionnelle. Et quand le chef remplace la crème par du lait demi-écrémé, cette panna cotta devient une recette minceur incontournable.*

**Coup de main**

*p. 144 L'art d'infuser la verveine*

*p. 146 L'art de faire un coulis de fruits rouges*

**La veille, préparation de la panna cotta**

**1** Mettez les feuilles de gélatine dans un bol d'eau froide.

**Astuce**

Les feuilles de gélatine doivent être immergées une par une pour éviter qu'elles ne forment des paquets, ce qui réduirait leur efficacité.

**2 et 3** Faites chauffer ensemble le lait, le sucre et la crème en mélangeant bien.

**4** Lorsque le mélange bout, ajoutez les feuilles de verveine citronnelle et retirez la casserole du feu. Couvrez et laissez infuser 15 min.

**5** Filtrez le mélange et égouttez les feuilles de gélatine.

6

7

8

**5** Pressez à fond la verveine dans le mélange lait-sucre-crème pour en tirer tout le parfum.

**6 et 7** Ajoutez les feuilles de gélatine bien égouttées au mélange. Tournez jusqu'à dissolution de la gélatine.

**8** Répartissez la panna cotta dans des assiettes creuses, puis laissez prendre 1 nuit au réfrigérateur.

## Le jour même, finition et présentation

**9** Faites un coulis avec les fraises et 50 g de framboises. Passez le coulis au chinois. Mélangez délicatement les framboises restantes avec le coulis.
*Versez une portion du mélange sur chaque panna cotta, et décorez avec un brin de verveine fraîche.*

9

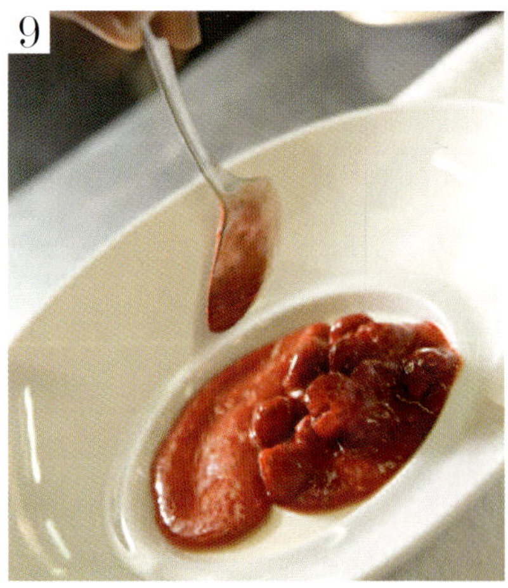

# l'art d'

# incorporer une chantilly

*Contrairement aux blancs montés en neige, une chantilly peut attendre un peu avant d'être incorporée à une préparation.*

**1** Incorporez une louche de chantilly dans votre préparation qui ne doit pas être chaude.

**2** Mélangez fermement à l'aide d'un fouet pour détendre la préparation et la rendre homogène.

**3** Incorporez le reste de chantillyn, cette fois à la spatule, en soulevant pour casser un peu le mélange. Réservez.

# l'art de tapisser les biscuits

*Le fait d'utiliser des biscuits à la cuiller non imbibés nous épargne de tapisser le moule avec du papier.*

1

**1** Pour le fond du moule, coupez les biscuits en pointe, en taillant des bords les plus longs possible. Placez-les bien serrés les uns contre les autres, le côté lisse visible.

**2 et 3** Pour les parois, raccourcissez les biscuits à la hauteur du moule et placez-les le bout arrondi en haut, toujours bien serrés. Le côté lisse visible donnera une belle présentation arrondie au démoulage.

3

2

# l'art de démouler

1

Si le beurre assure un démoulage sans dommage à un gâteau ou à un cake encore tiède, il provoquerait des traces de gras autour d'un dessert frais comme une charlotte et freinerait son démoulage. Les biscuits encore un peu fermes sont aussi agréables en bouche qu'utiles pour assurer un démoulage sans stress et sans avoir à tapisser le moule de papier film ou sulfurisé. "Et hop !"

2

3

# la charlotte aux fraises

## et son coulis de framboises

# la charlotte aux fraises

## et son coulis de framboises

**Pour 8 personnes**

**Préparation : 45 min**
**Cuisson : 20 min**
**Réfrigération : 12 h**

500 g de fraises (gariguettes de préférence)

1/2 litre de lait entier

200 g de sucre semoule

5 jaunes d'œufs

18 biscuits à la cuiller

250 g de crème fleurette bien froide

4 feuilles de gélatine

1 gousse de vanille

**Pour le coulis**

500 g de framboises

100 g de sucre semoule

1 filet de jus de citron

*Antonin Carême l'a francisée au XIXe siècle en remplaçant le pain de mie par des biscuits à la cuiller. La crème anglaise qui l'accompagne généralement nous rappelle son origine.*

**Préparation de l'appareil**

**1** Mettez les feuilles de gélatine à tremper, toujours dans l'eau froide, pour les assouplir et les faire gonfler. Glissez-les une par une pour éviter qu'elles ne collent et que des bulles d'air ne s'installent entre elles.

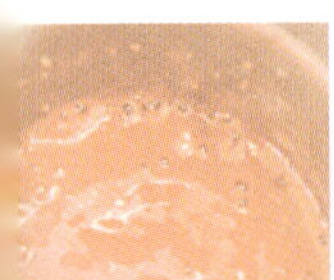

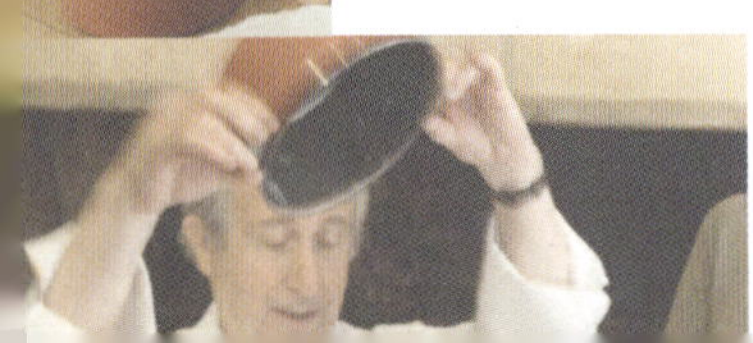

**Coup de main**


*p. 146 L'art de faire un coulis de fruits rouges*

*p. 154 L'art d'incorporer la chantilly*

*p. 156 L'art de tapisser les biscuits*

*p. 158 L'art de démouler*

**2** Fendez et grattez la gousse de vanille.
**3** Jetez la gousse, ainsi que les grains, dans le lait.
**4** Dans une casserole inoxydable, faites bouillir ce mélange avec 100 g de sucre semoule. Dès qu'il « monte », coiffez la casserole d'un couvercle, éloignez-la du feu et laissez infuser la vanille 5 min.

### Astuce

Pour tremper la gélatine en été, sans la faire fondre et risquer de la perdre, ajoutez des glaçons, dans l'eau pour qu'elle soit à moins de 20 °C.

**5** Pendant ce temps, versez les 5 jaunes d'œufs et les 100 g de sucre restants dans un saladier. Battez l'ensemble 2 min au fouet, jusqu'à ce que le mélange s'allège et blanchisse légèrement.

**6** Pour éviter les grumeaux, versez progressivement l'infusion de lait chaud sur le mélange de jaunes d'œufs et de sucre, en fouettant rapidement l'ensemble.

7

**7** Reversez le tout dans la casserole sur feu doux et faites épaissir, sans laisser bouillir, en remuant doucement et constamment le mélange à la spatule pendant la cuisson. Il faut de 6 à 8 min pour une crème « à la nappe ».

**8** La crème est dite « à la nappe » si, quand vous passez un doigt sur la spatule puis que vous la placez à la verticale, la trace reste nette. Si la crème fait des grumeaux, donnez un petit coup de mixeur plongeant.

**9** Transvasez immédiatement la crème dans le saladier rincé. Ajoutez les feuilles de gélatine égouttées et laissez-les se dissoudre. Ne mettez jamais de la gélatine sur le feu, l'ébullition annulerait son pouvoir gélifiant.
Laissez refroidir en remuant de temps en temps le mélange avec la spatule pour lui conserver son homogénéité. Pour accentuer ce refroidissement, posez le saladier dans un récipient rempli d'eau froide et de glaçons.

8

9

**10** Lavez les fraises très brièvement sous l'eau fraîche, pour qu'elles ne se gorgent pas d'eau, séchez-les sur un papier absorbant et équeutez-les. Coupez-les en 2 ou en 4.

**Astuce**

Pour réussir la crème fouettée, placez au préalable le saladier et le fouet au congélateur 30 min env.

### Préparation du moule et de la crème fouettée

**11** Tapissez entièrement les parois et le fond du moule à charlotte de biscuits à la cuiller, bien serrés les uns contre les autres, côté lisse visible.

**12** Versez dans un saladier la crème fleurette, fouettez doucement pendant 1 min, puis plus rapidement 5 min env., jusqu'à ce que la crème soit bien ferme.

### Pour le coulis de framboises

**13** Rincez les framboises rapidement à l'eau fraîche (si nécessaire), séchez-les délicatement sur un linge propre.

**14 et 15** Versez-les ensuite dans le bol du mixeur avec le sucre semoule et le filet de jus de citron. Mixez 2 min.

**16 et 17** Si vous préférez un coulis très lisse, passez cette purée au travers du chinois en métal en la foulant avec le dos d'une petite louche pour éliminer les particules de pépins restantes. Versez ensuite le coulis dans une saucière ou une jatte et rafraîchissez, au besoin, au réfrigérateur avant emploi.

13

14

15

### Astuces

Vous pouvez conserver le coulis dans un bol à fermeture hermétique huit jours au réfrigérateur ou deux mois au congélateur.

Pour le décongeler, laissez-le se « dégourdir » au réfrigérateur une journée. Le lendemain, fouettez votre coulis pour lui redonner sa structure homogène d'origine.

16

17

18

19

#### FINITION ET PRÉSENTATION

**18** Incorporez la chantilly à la crème bien refroidie en aérant délicatement le mélange à la spatule.

**19** Versez les morceaux de fraises dans la préparation et terminez le mélange en douceur.

20

21

22

**20** Remplissez de cette préparation le moule habillé des biscuits.

**21** Egalisez le dessus à l'aide de la spatule. Laissez refroidir toute la nuit au réfrigérateur.

**22 et 23** Le lendemain, démoulez, en retournant le moule, sur un compotier et décorez le sommet avec des framboises et des fraises. Vous pouvez napper la charlotte avec le coulis de framboises, ou présenter le coulis à part.

### Quelques variantes

*Les fraises peuvent être remplacées par des poires, des pêches bien mûres ou des framboises.*
*On peut également utiliser des fruits au sirop en boîte (pêches, abricot, poire, cerises bien noires par exemple). Dans ce cas, égouttez bien les fruits et ajoutez un jus de citron pour leur « donner du nerf ».*

23

### Astuce

Les charlottes gagnent à être préparées 1 ou 2 jours à l'avance et tenues au réfrigérateur.

# AUTOMNE

# l'art de faire croustiller la pâte feuilletée

Attention à ne pas laisser réchauffer la pâte avant de l'étaler au rouleau au risque d'écraser le feuilletage, c'est-à-dire de mélanger le beurre à la farine. Entreposez la pâte au réfrigérateur avant de la cuire : c'est le choc des températures qui va provoquer la montée de la pâte.
Il est recommandé de poser directement la pâte sur la plaque du four à température.
Si vous utilisez le papier sulfurisé, prenez soin de beurrer le papier au pinceau avant d'enfourner la pâte toujours sur la plaque chaude.

# la tarte fine
## à la tomate et au basilic

# la tarte fine

## à la tomate et au basilic

**POUR 2 TARTES INDIVIDUELLES**

**PRÉPARATION : 20 MIN**
**CUISSON : 15 MIN**

140 g de pâte feuilletée (pâte fraîche ou surgelée)

5 petites tomates bien rouges

2 cuil. à café de concentré de tomates

quelques brins de thym

10 feuilles de basilic frais

5 cuil. à soupe d'huile d'olive

2 pincées de sucre (il peut éventuellement être remplacé par de l'aspartame)

sel, poivre du moulin

*Les meilleures tartes se font en pleine saison de la tomate. Souvenez-vous bien de l'art d'équilibrer leur saveur.*

**1** Oter la peau des tomates. Hachez grossièrement 7 feuilles de basilic et faites-les macérer dans un peu d'huile d'olive. Emiettez le thym.

**COUP DE MAIN**

***P. 90** L'ART D'ÉQUILIBRER LA SAVEUR DES TOMATES*

***P. 104** L'ART DE FAIRE CROUSTILLER LA PÂTE FEUILLETÉE*

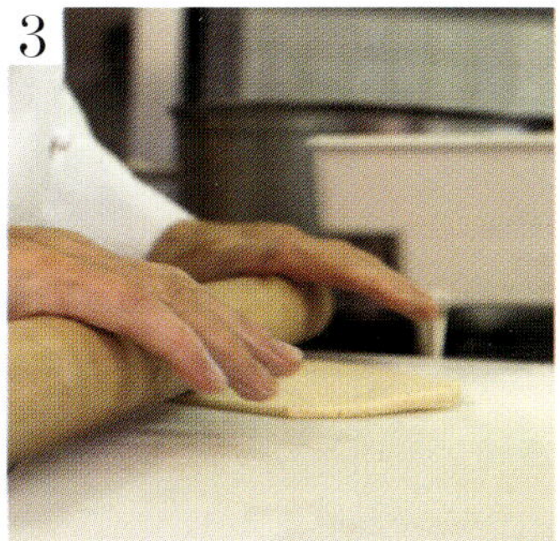

**2 et 3** Abaissez au rouleau la pâte sur 2 ou 3 mm d'épaisseur et laissez reposer quelques minutes (ainsi, elle ne se rétractera pas). Découpez-y 2 ronds de 21 cm de diamètre.

**4** Piquez-les à l'aide d'une fourchette.

### Astuce

Pour des tomates savoureuses, faites égoutter les rondelles sur une grille une fois qu'elles sont épépinées, puis salez-les.

**5** Avec le dos d'une cuillère, étalez-y une partie du mélange d'huile au basilic. Ajoutez le concentré de tomates en laissant un « trottoir » de 1 cm autour des deux ronds de pâte.

**6** Coupez les tomates en rondelles de 3 mm d'épaisseur, épépinez-les.

**7** Disposez-les sur les ronds de pâte garnis du mélange. Comblez les trous en faisant se chevaucher les tranches sur la pâte et en ajoutant des petits dés de pulpe dans les vides restants. Salez, poivrez, sucrez toute la surface et parsemez de thym.

8

9

10

11

**8** Après avoir huilé une plaque de cuisson, déposez les tartes. Enfournez-les pour 15 min à 200 °C (th. 6-7).

**9** A mi-cuisson, humectez les tomates avec un pinceau imprégné d'huile d'olive. Déplacez les tartes et étalez un peu d'huile d'olive sur la plaque. Replacez les tartes sur la surface huilée et terminez la cuisson.

**10** A la sortie du four, badigeonnez généreusement les tomates cuites avec le reste d'huile au basilic haché.

**11** *Au moment de servir, disposez quelques feuilles de basilic frais sur les tartes... et admirez le travail !*

# l'art de

# nettoyer les champignons

*Il ne faut surtout pas passer les cèpes sous l'eau car ils sont très spongieux et se gorgeraient de liquide. C'est d'ailleurs vrai pour tous les champignons sauf les morilles et les trompettes.*

1

2

**1** Il vaut donc mieux gratter les pieds et les tailler en pointe pour limiter la perte.

**2** Ensuite, frottez-les avec un linge humide, ou donnez-leur un coup de pinceau.

**3** Puis frottez les têtes jusqu'à ce que toute la terre ait disparu.

3

# la salade de cèpes
## au foie gras de canard

# la salade de cèpes

## au foie gras de canard

**Pour 4 personnes**

**Préparation : 20 min**
**Cuisson : 8 min**

400 g de cèpes bien fermes

150 g de foie gras de canard cru ou cuit, à détailler

100 g de pousses de salade

2 cuil. à soupe de vinaigre de xérès

1/4 de botte de cerfeuil

4 cuil. à soupe d'huile d'olive

2 gousses d'ail

2 branches de thym

1 feuille de laurier

4 cuil. à soupe d'huile de noisette

20 g de noisettes

fleur de sel, poivre du moulin

*Le chef joue sur les contrastes : cru-cuit, moelleux-acide, fondant-croquant, chaud et froid. Si vous prenez le temps de les gratter et de les frotter sans les laver, vos cèpes vont vous faire briller !*

**Préparation des cèpes cuits**

**1** Grattez les pieds et frottez les têtes des cèpes avec un linge humide, jusqu'à ce que toute la terre ait disparu. Une fois les cèpes nettoyés, sélectionnez-en la moitié en gardant ceux qui ne sont pas piqués pour les manger crus, soit 200 g env. Coupez les autres, que vous allez cuire, en cubes de taille équivalente.

1

**Coup de main**

*p. 180 L'art de nettoyer les champignons*

**ASTUCE**

POUR RÉUSSIR LA CUISSON DES CHAMPIGNONS, il faut cuire à feu vif en remuant souvent et en couvrant à mi-cuisson, pour éviter qu'ils ne se dessèchent.

**2** Faites-les sauter dans 2 cuil. à soupe d'huile d'olive 8 min env., avec l'ail écrasé non épluché, les branches de thym et la feuille de laurier. Maintenez sur feu vif.
**3** A la fin de la cuisson, déglacez avec 1 cuil. à soupe de vinaigre de xérès. Remuez quelques instants sur le feu, puis réservez.

### PRÉPARATION DES CÈPES CRUS EN MARINADE

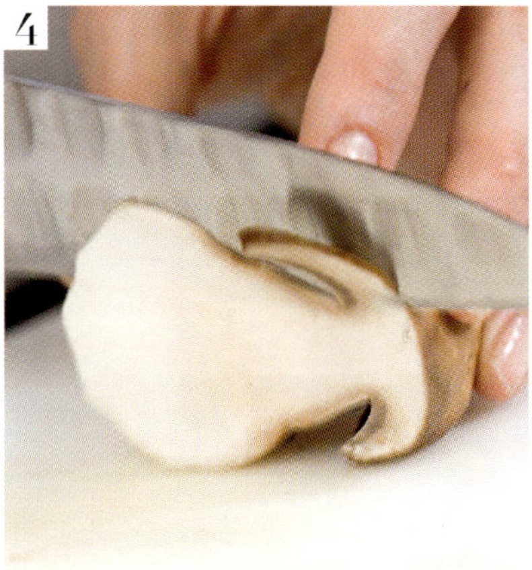

**4** Emincez le reste des cèpes dans le sens de la longueur, au couteau ou avec une planche mandoline. Dressez-les sur une assiette plate. Ils peuvent se chevaucher.

**Astuce**

Pour que le foie soit plus facile à découper, placez-le une demi-heure au congélateur avant de préparer la salade.

**5** Préparez une vinaigrette avec l'huile de noisette ainsi que l'huile d'olive et le vinaigre de xérès restants. Badigeonnez-en les cèpes à l'aide d'un pinceau.
Le pinceau n'est pas indispensable, mais il permet de bien répartir la vinaigrette. A défaut, utilisez un vaporisateur.
**6** Faites dorer les noisettes au four ou à la poêle, puis pelez-les et concassez-les au couteau pour éviter de les réduire en poudre.

**7** Préparez de fins copeaux de foie gras (cru ou cuit), à l'aide d'un couteau pointu. Pour réaliser les copeaux, le foie gras doit être totalement froid.
Taillez des tranches très fines, à l'aide d'un couteau passé sous l'eau chaude, et décollez-les de la lame en les faisant glisser avec vos doigts.

*Dressez les cèpes et les pousses de salade sur une assiette plate, et ajoutez les copeaux de foie gras.*
*Assaisonnez avec la fleur de sel et le poivre du moulin.*
*Décorez avec les noisettes et les pluches de cerfeuil.*

# l'art de se mettre à table en même temps que ses invités

*Non seulement le chef nous simplifie la vie en cuisine mais il est également très attentif au bien-être de ses hôtes.*

Pour se mettre à table avec eux, il suffit de choisir parmi les recettes du livre celles qui méritent d'attendre avant d'être servies (le gigot d'agneau, le canard de Sichuan, le poulet truffé au persil...) ou celles qui doivent être préparées à l'avance (la charlotte aux fraises, les terrines de foies de volaille ou de lapin au foie gras, la salade de pommes de terre...).
Rappelez-vous que plus il y a d'invités, plus il y a de travail. Pas de panique pour autant ! Prévoyez une desserte ou un plateau avec tout ce dont vous aurez besoin pour le service et détendez-vous ! Le repas sera forcément délicieux.

# l'endive fondante
## aux champignons sauvages

# l'endive fondante

## aux champignons sauvages

**POUR 4 PERSONNES**

**PRÉPARATION : 25 MIN**
**TREMPAGE : 2 H**
**CUISSON : 2 H 30 ENV.**

4 belles endives

4 gros champignons de Paris

60 g de mousserons frais (ou 20 g de secs ou autres champignons sauvages)

20 g de morilles séchées (ou cèpes secs)

le jus de 1/2 citron

40 cl de crème fleurette

1 cuil. à soupe de sucre

1 échalote

4 cuil. à soupe de Noilly Prat (ou de Cinzano ou de xérès sec ou Martini Dry)

2 noix de beurre

sel, poivre

*Cette recette, confiée par un client dans les années 70, décomplexe une amatrice avertie comme moi... L'occasion pour le chef de sauver les endives mal aimées des cuissons bâclées !*

**1** Mettez à tremper les morilles 2 h dans de l'eau tiède et changez l'eau au bout de 1 h, puis rincez les champignons et séchez-les bien. Faites de même avec les champignons secs, si vous en utilisez, pour les faire regonfler.

1

**COUP DE MAIN**
*P. 180 L'ART DE NETTOYER LES CHAMPIGNONS*

2

3

**2** Retirez les premières feuilles des endives. Coupez la base (pas trop pour éviter que les endives ne se défassent)

**3** Creusez légèrement la base avec un couteau pointu. Taillez la pointe si elle est verte, car l'amertume vient du trognon et des parties colorées de l'endive.

4

5

**4 et 5** Pressez le demi-citron et versez le jus dans un plat creux. Ajoutez le sucre, le sel et mélangez.

**6** Faites bouillir de l'eau dans un cuit-vapeur. Roulez les endives dans le jus de citron. Déposez-les dans le bac de cuisson et laissez cuire 30 min.
**7** Faites ensuite dorer les endives, à feu moyen, dans une poêle antiadhésive avec une noix de beurre jusqu'à l'obtention d'une belle coloration.

**8** A l'aide d'un petit couteau pointu, vérifiez leur cuisson (le couteau doit s'enfoncer sans effort dans la chair).

**Astuce**

Si l'on n'a pas de cuit-vapeur, on peut mettre les endives dans une petite casserole avec un peu de beurre et d'eau, et les cuire 30 min à couvert.

**9** Préchauffez le four à 150 °C (th. 5). Placez les endives bien serrées dans un plat allant au four.
**10** Recouvrez-les de crème fleurette.

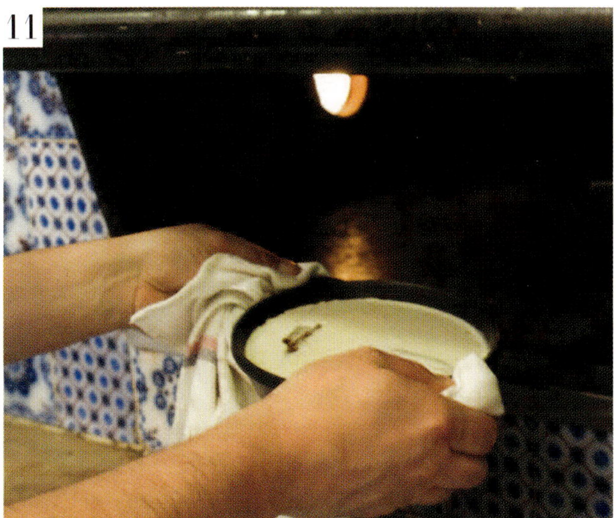

**11** Enfournez pendant 1 h 30. On peut réduire le temps de cuisson en augmentant la température : 1 h à 170 °C.
**12** A la fin de la cuisson, la crème doit avoir une texture de béchamel.

**13** Pendant ce temps, hachez au couteau les champignons (morilles, mousserons et champignons de Paris) ainsi que l'échalote.

**14** Faites revenir cette dernière dans la noix de beurre jusqu'à ce qu'elle devienne translucide. Ajoutez-y les champignons, salez, poivrez et laissez cuire à couvert pendant 10 min à feu moyen.

**15** Ajoutez le Noilly Prat et cuisez encore 5 min (3 min avec le couvercle et 2 min sans). Egouttez les endives et versez la moitié de la crème cuite dans les champignons. Laissez cuire encore 5 min pour obtenir un coulis assez consistant.

**16** Après avoir ouvert les endives en deux dans la longueur, répartissez les champignons sur les moitiés d'endives et recouvrez des autres moitiés.
*Arrosez avec la crème restante.*

**Astuces**

Pour un plat bien chaud, repassez les endives 5 min au four avant de servir.

Cette recette peut très bien n'être réalisée qu'avec des champignons de Paris.

# l'art de
# parfumer le canard

*Quand on veut faire pénétrer des épices par la peau, il ne faut pas avoir peur de frotter, comme si on massait un jambon avec du gros sel.*

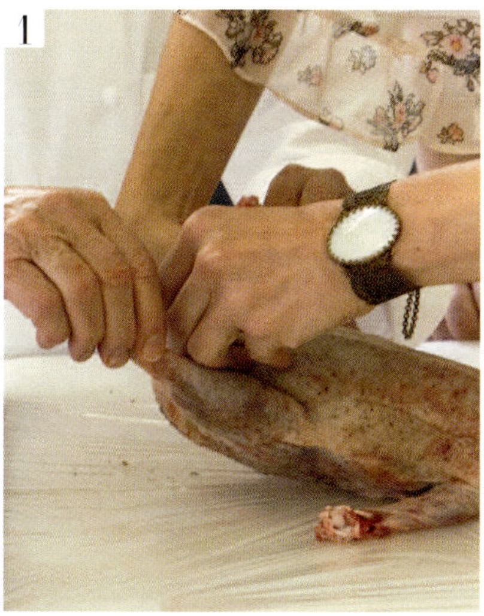

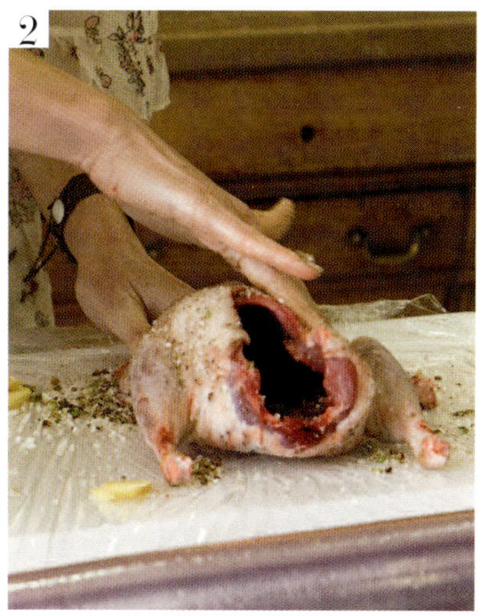

**1** Commencez par masser l'intérieur de la bête avec une petite poignée d'épices mélangées.

**2** Massez l'extérieur. C'est un peu difficile au début, mais en frottant, la peau va s'humidifier, et ainsi laisser pénétrer au mieux le mélange d'épices.

Vous pouvez également parfumer le canard avec de la peau d'orange ou de citron râpée. L'ajout de genièvre écrasé donnera un côté giboyeux au canard.

# le canard du Sichuan

# le canard du Sichuan

**Pour 2 personnes**

**Préparation : 10 min**
**Repos : 1 nuit + 1 h**
**Cuisson : 2 h 15**

1 canard croisé de 1,2 kg env., vidé mais non bridé

75 cl d'huile de tournesol ou d'arachide

**Pour la marinade**

4 rondelles de gingembre de 1/2 cm d'épaisseur chacune

2 grosses ciboules ou 1 oignon vert avec la moitié de sa tige

4 cuil. à soupe de sauce de soja (la japonaise est plus parfumée que la chinoise)

1 cuil. à café de cinq-épices

1 cuil. à café de sucre

2 cuil. à soupe de sel

1 cuil. à soupe de poivre du Sichuan écrasé (ou de poivre blanc)

*« Lors d'un voyage en Chine avec Pierre Troisgros, Alain Chapel et Alain Senderens, ce plat fût l'un de nos favoris. En rentrant, je me suis tout de suite mis aux fourneaux. » Conseil du chef : manger ce canard du bout des doigts !*

**Coup de main**

*p. 198 L'art de parfumer le canard*

**Astuce**

Michel recommande les canards « étouffés » car ils ne perdent pas leur sang à l'abattage. Ils sont aussi plus tendres et savoureux.

## La veille

1 Passez le canard sous l'eau froide (intérieur et extérieur).
2 Séchez-le avec un torchon ou de l'essuie-tout.

3 Rincez et émincez les ciboules.
4 Pelez le gingembre et émincez-le.

5 Préparez la marinade en mélangeant tous les ingrédients sauf la sauce de soja.

6

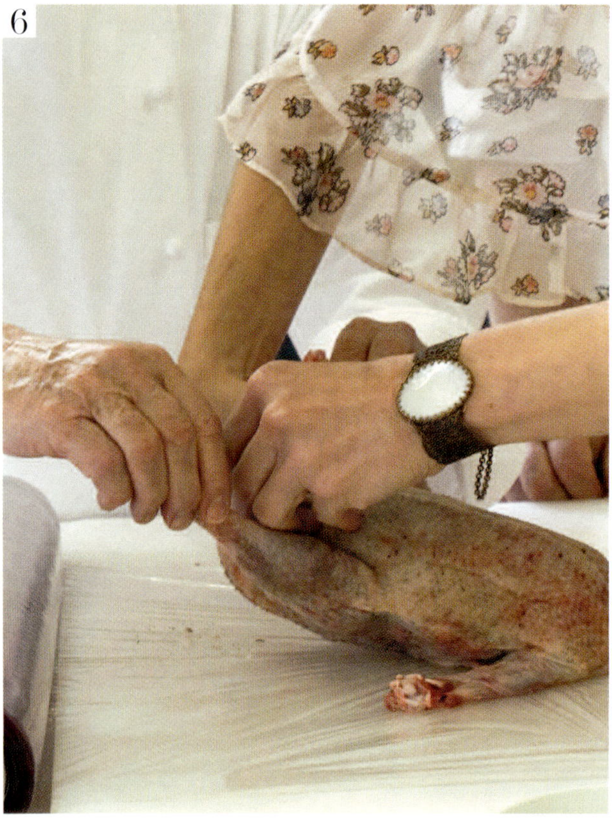

7

8

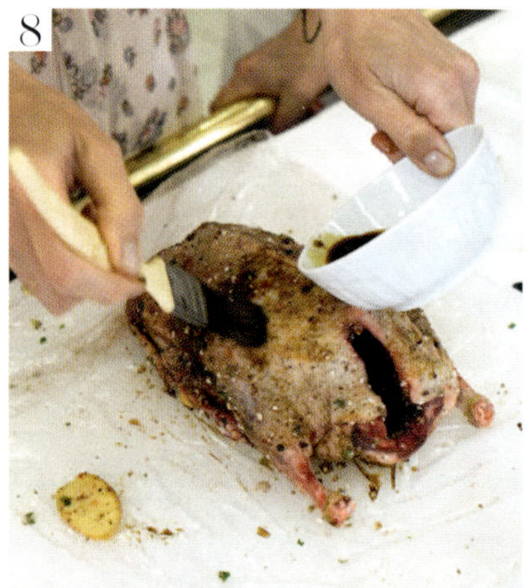

**6 et 7** Massez le canard intérieurement et extérieurement avec la marinade.

**8** Badigeonnez-le de sauce de soja de tous côtés.

**9 et 10** Puis enveloppez-le bien serré dans deux couches de film alimentaire.

9

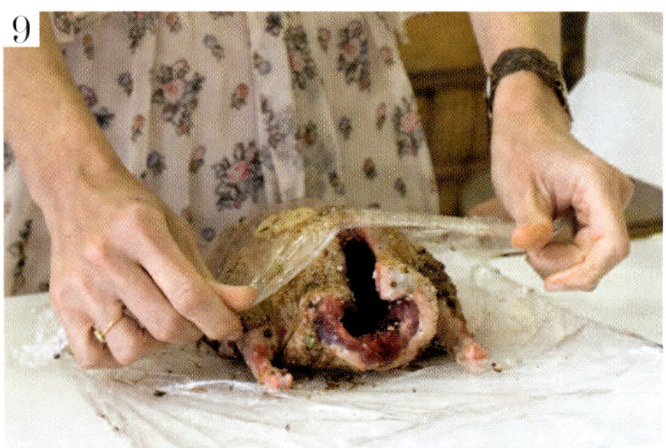

10

**11** Couchez-le sur le dos, sur une planche à découper, et appuyez sur le bréchet pour le rompre et aplatissez-le. Laissez-le une nuit au réfrigérateur, en posant un poids dessus (par exemple, une assiette surmontée d'une boîte de conserve) et retournez-le, si possible, une fois.

11

## LE JOUR MÊME

**12** Sans le déballer, placez le canard sur le dos, dans la partie supérieure d'un cuit-vapeur. Couvrez et laissez cuire pendant 2 h en vérifiant qu'il reste bien de l'eau dans le fond de la casserole et en retournant le canard à mi-cuisson. Laissez-le reposer 1 h dans son récipient de cuisson, après l'avoir retiré du feu.

12

### ASTUCE

EN AUGMENTANT LES TEMPS DE CUISSON, ce plat peut être préparé avec un canard plus gros et nourrir davantage de convives.

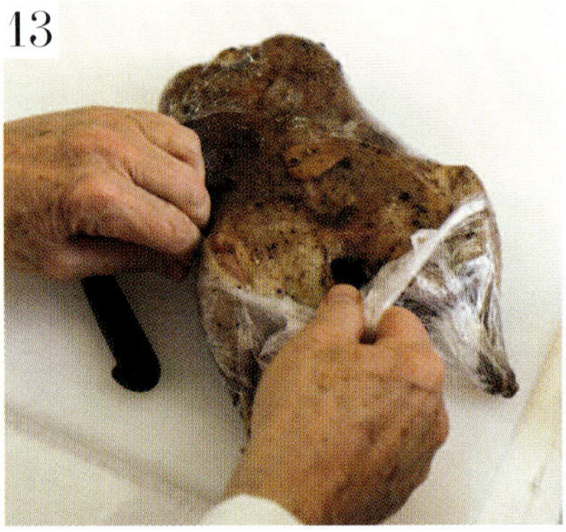

13

14

**Astuce**

Conservez l'eau qui a servi à la cuisson à la vapeur pour assaisonner la salade de carottes à l'orange en accompagnement (dans ce cas, dégraissez-la avant de le mélanger à de l'huile d'olive).

**13** Déballez-le. Séchez-le avec du papier absorbant en retirant toutes les particules de marinade, le canard doit être bien net et sec. Cette précaution permet d'éviter que des particules de marinade ne brûlent à la friture.

15

**14** Faites chauffer à 160 °C (th. 5-6) l'huile dans un wok ou une sauteuse. Déposez le canard dans l'huile chaude en le retournant plusieurs fois pour qu'il dore bien sur toutes les faces.

**15** Laissez frire 15 min env. Arrosez-le régulièrement avec une louche s'il n'est pas complètement immergé. Egouttez-le soigneusement.

*Pour garder le côté spectaculaire de la recette, le chef conseille de servir ce canard entier à table, avant de le découper.*

# la salade de carottes

## à l'orange, parfumée au cumin

**Pour 5 personnes**

**Préparation : 20 min**
**Cuisson : 20 min**

300 g de carottes
4 g d'ail en lamelles
2 cuil. à soupe d'huile d'olive
1/2 litre d'eau
1 petite pincée de sel
poivre du moulin

le jus d'un 1/2 citron
1 g de graines de cumin
2 cuil. à soupe de pluches de coriandre

2 oranges pelées à vif
2 cœurs de sucrine
10 feuilles de menthe
5 olives noires dénoyautées, coupées en 4
1 pincée de sel
1 pincée de cannelle en poudre
1 cuil. à café d'huile d'olive
quelques gouttes d'eau de fleur d'orange

**1** Pelez à vif les oranges, coupez-les en deux, puis en 1/2 tranches de 1/2 cm d'épaisseur. Mettez-les dans une assiette creuse, saupoudrez-les légèrement avec le sel, la cannelle, l'huile d'olive et la fleur d'oranger. Réservez au réfrigérateur.

**2** Épluchez et lavez les carottes, taillez-les en biseaux de 3 mm d'épaisseur. Mettez-les dans une casserole avec l'eau, le sel, le poivre, l'ail et l'huile d'olive. Faites cuire une vingtaine de minutes. Les carottes doivent être tendres en fin de cuisson. Égouttez les carottes et le jus de cuisson réduit à glace.

**3** Quand les carottes sont froides, ajoutez le 1/2 jus de citron, les pluches de coriandre et la glace de cuisson. Coupez les sucrines en 5 quartiers chacune.

### Dressage

*Dans une assiette creuse, enchevêtrez les carottes, les oranges et les quartiers de sucrine. Mettez les morceaux d'olive et les feuilles de menthe. Arrosez les oranges d'un peu de jus. Parsemez de pluches de coriandre et de fleur de sel.*

# l'art d'
# agacer une orange

*Lorsque ce n'est pas la saison des oranges, ou qu'elles sont un peu mollassonnes, on compense leur manque d'acidité avec du jus de citron.*

# l'art de blanchir les zestes

*Les zestes de tous les agrumes se préparent de la même manière, avant de les tailler finement ou de les confire. Bien sûr, l'idéal est d'avoir des fruits non traités.*

1

**1** A l'aide d'un couteau ou d'un Econome, prélevez la peau d'une orange en veillant à ne pas laisser la partie blanche, très amère.

**2** Couvrez les zestes d'eau froide et portez à ébullition.

**3** Egouttez, puis recommencer l'opération, trois fois en tout, pour supprimer toute amertume.

2

3

# le jarret de veau
## aux oranges

# le jarret de veau

## aux oranges

**POUR 4 OU 5 PERSONNES**

**PRÉPARATION : 20 MIN**
**CUISSON : 3 H**
**REPOS : 12 H**

1 jarret de veau avec os
3 cuil. à soupe d'huile d'olive
1 oignon
1 branche de basilic
1 clou de girofle
1 petit bouquet garni
1 orange
le jus de 2 oranges
le jus de 1/2 citron
10 cl de bouillon de volaille (maison ou en cube)
2 cuil. à soupe de vinaigre de vin rouge
20 g de sucre
sel, poivre

*Une gageure du chef est de simplifier la vie des cuisinières. Ce plat gagne à être préparé à l'avance et va contribuer à notre tranquillité et à notre succès !*

1

**COUP DE MAIN**

***P. 210** L'ART D'AGACER UNE ORANGE*

***P. 212** L'ART DE BLANCHIR LES ZESTES*

**Astuce**

Vous pouvez remplacer les clous de girofle par 1 cuil. à café de quatre-épices.

**Préparation de la marinade la veille**

1 Pelez et émincez l'oignon. Pilez le clou de girofle, effeuillez le basilic.

2 Dans un plat creux, mélangez le jus d'orange, le jus de citron, le clou de girofle, le basilic et le bouquet garni.

3 Salez, poivrez et enrobez le jarret de cette marinade. Laissez macérer 12 h au frais en retournant la viande de temps en temps.

4

5

6

7

**Le jour même**

Préchauffez le four à 150 °C (th. 5). Egouttez et séchez le jarret.

4 Enduisez-le de 3 cuil. à soupe d'huile d'olive. Mettez une cocotte sur feu vif. Quand elle est bien chaude, dorez la viande de tous côtés jusqu'à ce qu'elle soit blonde.

5 Arrosez avec la marinade et ajoutez 1/2 verre d'eau.

6 Couvrez et laissez cuire 3 h dans le four. Retournez la viande deux ou trois fois en cours de cuisson.

7 Prélevez les zestes d'une orange en veillant à ne pas laisser la partie blanche. Faites-les blanchir. Taillez-les finement et réservez.

8

9

10

**8** Taillez les segments de l'orange après avoir enlevé la peau restante. Réservez pour la décoration.
**9** Préparez un caramel à sec en chauffant le sucre dans une casserole.
**10** Dès qu'il est blond, versez le vinaigre et laissez réduire jusqu'à ce que le mélange devienne sirupeux. Réservez.

**11** Sortez le jarret du four et maintenez-le au chaud.

11

### Astuce

PLUS CELA CUIT LONGTEMPS, MEILLEUR C'EST. N'hésitez pas à oublier votre jarret quelques heures de plus au four. Ou laissez-le mijoter toute une nuit, à 120 °C (th. 4).

**12** Mixez le contenu de la cocotte, après en avoir retiré le bouquet garni. Incorporez le bouillon, puis le caramel vinaigré (dit gastrique, utilisé par les chefs pour réveiller un assaisonnement).

**Astuce**

Si vous trouvez la sauce trop acide, incorporez 1 cuil. à soupe de moutarde avant de servir.

**13** Passez cette sauce dans l'écumoir, pressez bien, émulsionnez sur le feu, puis versez-la sur le jarret.

*Décorez avec les segments d'orange et les zestes. Le chef suggère d'ajouter du basilic frais dans la sauce. En cuisinant cette recette chez moi, j'ai opté pour un accompagnement de boulgour à la menthe. Délicieux !*

# le boulgour à la menthe

**Pour 4 personnes**

**Préparation : 30 min (cuisson incluse)**

120 g de boulgour cru (une fois cuit on obtient 360 g, soit 90 g par personne)

1/2 l d'eau

2 branches de menthe

1 cuil. à soupe d'huile d'olive

1 cuil. à café de gros sel

**1** Versez dans une casserole le 1/2 litre d'eau et la cuil. à café de gros sel, portez à ébullition. Plongez-y les 120 g de boulgour. Pendant la cuisson, ajoutez une branche de menthe fraîche, afin que celle-ci infuse et parfume le boulgour. Laissez cuire pendant 25 min à frémissements et légèrement à couvert.

**2** Une fois le boulgour cuit, rincez-le à l'eau froide et égouttez-le.

**3** Assaisonnez-le avec une cuil. à soupe d'huile d'olive et parsemez de 8 feuilles de menthe ciselées.
Rectifiez l'assaisonnement en sel, si nécessaire.

*Réchauffez le boulgour à la vapeur dans un couscoussier au moment de servir.*

# l'art de faire une bonne tarte

*Le chef a imaginé certaines tartes en hommage à sa grand-mère qui l'a élevé et qu'il appelait « la reine des tartes ».*

A chaque saison, les fruits juteux de son verger du Val-d'Oise garnissaient les pâtes feuilletées qu'elle confectionnait. Cette excellence pâtissière a rendu le petit-fils prodige intraitable : une bonne tarte doit se cuire avec les fruits. Lorsque ceux-ci sont déposés sur un fond cuit à blanc, cela n'est rien de moins qu'un « divorce ». Le secret pour les fraises et les prunes : évaporer l'eau des fruits avant de cuire la tarte. Déposez les fruits dans une passoire ou un panier vapeur et glissez à 200° C (th. 6-7) 5 à 10 min en récupérant le jus. Cuisez la tarte et, à l'aide d'un pinceau, lustrez-la avec le jus réduit.

Sébastien Perbost

# l'art de peler une pomme

*L'astuce est d'utiliser l'Econome pour peler et aussi pour creuser.*

**1** Creusez un cône peu profond autour du pédoncule.

**2** Taillez le bord du cône en penchant un peu l'économe, puis laissez celui-ci planté dans la peau et tournez la pomme. La peau se déroule comme le fil d'une pelote de laine.

**3** Avec la pointe de l'économe, tournez autour des parties dures du cœur pour retirer les pépins mais aussi les peaux qui resteraient si vous utilisiez un vide-pomme.

# les tartelettes mirliton

## pomme-abricot

# les tartelettes mirliton

## pomme-abricot

**Pour 4 personnes**

**Préparation : 15 min**
**Cuisson : 25 min**

4 cercles de pâte feuilletée de 17 cm de diamètre et de 2 mm d'épaisseur (ou 2 rouleaux du commerce)

4 pommes (reinette, golden ou autres)

12 abricots demi-secs (30 % d'humidité) ou 12 abricots frais

le jus de 1/2 citron

60 g de sucre semoule

40 g de beurre

2 cuil. à café d'extrait de vanille (ou les graines d'une gousse)

sucre glace

**Pour le mirliton**

20 g de beurre

20 g de sucre

20 g de poudre d'amande

1 petit œuf

2 cuil. à soupe de crème fleurette

1 cuil. à café de rhum

*« C'est une tarte de bonne femme, au sens noble du terme. Son secret : tous les ingrédients doivent être à température ambiante avant sa réalisation. »*

**Coup de main**

*P. 172 L'art de faire croustiller la pâte feuilletée*

*P. 224 L'art de faire une bonne tarte*

*P. 226 L'art de peler une pomme*

**ASTUCE**

RÉUNISSEZ LES INGRÉDIENTS et pesez les quantités nécessaires avant de vous lancer.

**ASTUCES**

POUR RELEVER LA SAVEUR DES POMMES, le beurre doit être mousseux, signe de sa transformation en beurre noisette.

ON NE DOIT AJOUTER LE SUCRE qu'après avoir bien imbibé les pommes de beurre, cela pour permettre une meilleure caramélisation.

1 Préchauffez le four à 210 °C (th. 7). Pelez et coupez les pommes en cubes de 1,5 cm de côté.
2 Découpez aussi les abricots en 4 ou 6. Versez le jus de citron sur les fruits et mélangez.

3 Laissez fondre le beurre dans une poêle.

4 Jetez-y les dés de fruits, faites sauter l'ensemble rapidement avec le sucre semoule jusqu'à l'obtention d'un début de coloration.

**5 et 6** Ajoutez la vanille. Réservez sur une assiette et laissez refroidir à température ambiante (cette opération peut être effectuée la veille).

**7** A l'aide d'une fourchette, piquez les 4 cercles de pâte feuilletée.

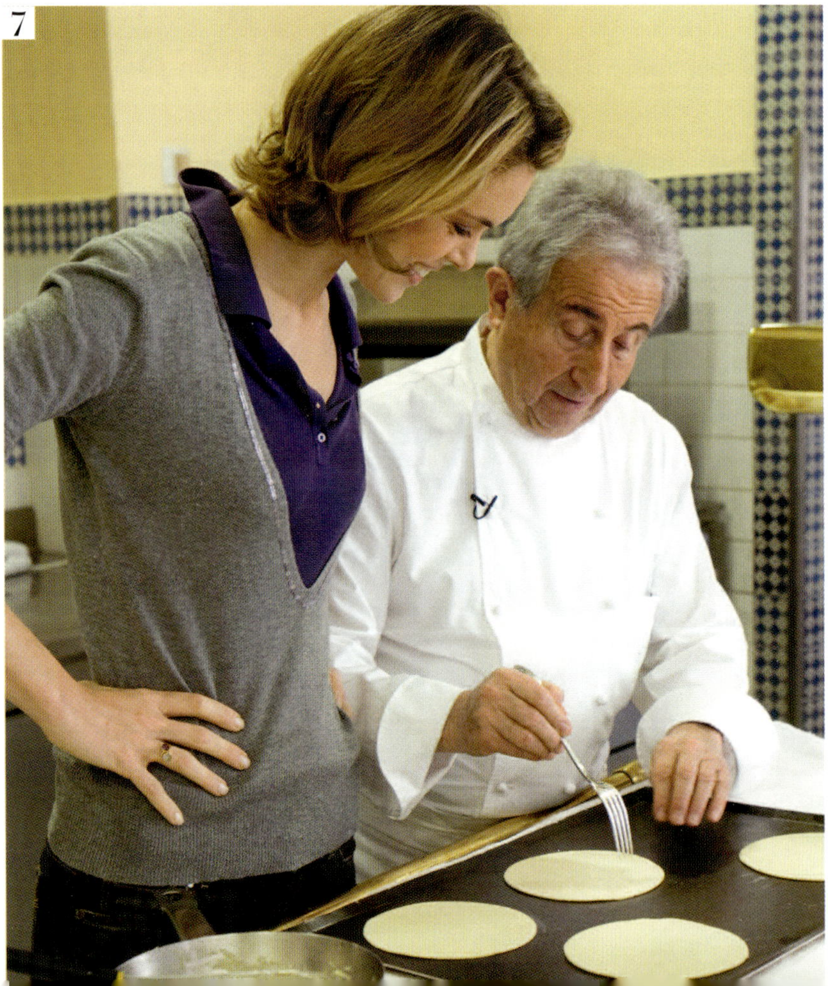

## Astuce

Les cercles de pâte feuilletée doivent toujours être bien froids avant d'être enfournés car c'est le choc thermique qui fait lever la pâte.

**8** Si vous le pouvez, placez les tartelettes sur une plaque à pâtisserie, sans bords, sinon, celle du four fera l'affaire. Répartissez dessus le mélange pommes-abricots en prenant soin de laisser un pourtour de pâte de 0,5 cm.

**9** Faites cuire 15 min.

**10** Pour tester la cuisson, il suffit de soulever une tartelette. La pâte doit être bien ferme, croustillante et dorée. Laissez refroidir le temps de préparer la crème mirliton. Allumez le gril du four.

11

12

13

14

**Préparation du mirliton**

**11 à 13** Mélangez les ingrédients destinés au mirliton, beurre, sucre, crème et poudre d'amande, en terminant par l'œuf.

**14 et 15** A l'aide d'une cuillère, répartissez la préparation sur les fruits. Saupoudrez de sucre glace. Placez sous le gril 5 min.

*Laissez tiédir et servez.*

15

# HIVER

# l'art de lustrer la carotte

*Cette technique rend vos légumes fondants et sucrés. Particulièrement adaptée aux navets ou aux céleris-raves, elle embellit les oignons nouveaux, les poireaux et les petits pois.*

**1** Disposez les rondelles de carottes dans une casserole à fond plat suffisamment grande pour ne pas les faire se chevaucher. Versez 30 cl d'eau, 15 g de beurre, 2 g de sel, 4 g de sucre en poudre et 1 tour de poivre du moulin.

**2** Installez la casserole sur feu doux et laissez cuire à découvert, à très faibles bouillons, environ 20 minutes. En cours de cuisson, l'eau va s'évaporer presque totalement pour ne laisser qu'un liquide sirupeux et brillant qui va enrober ou « glacer », ou lustrer les carottes.

**3** Pour faciliter ce lustrage, décrivez, pendant la cuisson, quelques mouvements circulaires rapides avec la casserole.

# l'art de

## la géométrie du goût

*L'exemple le plus significatif est celui des pâtes. Avec la même sauce, des pâtes de formes différentes auront un goût différent.*

Sur les tagliatelles, la sauce coule et ne fait qu'accompagner les pâtes. La forme du macaroni permet à la sauce de « rentrer dans le tuyau ». L'assaisonnement, quand il explose en bouche, est davantage présent. La sauce s'accroche aux petits tubes coudés des coquillettes et contribue à cette sensation de fourmillement du palais.
Ainsi les légumes taillés grossièrement, en julienne ou en lamelles n'ont pas le même goût.
De même un gigot découpé autour de l'os n'a pas la même attaque en bouche qu'un gigot désossé, tranché dans la verticale : il est plus tendre.

# la purée magique

## carottes, céleri, champignons

# la purée magique

## carottes, céleri, champignons

**Pour 4 personnes**

**Préparation : 15 min**
**Cuisson : 15 min**

200 g de carottes

100 g de céleri-rave

200 g de champignons de Paris

6 cl de porto rouge

20 cl de crème fraîche

40 g de beurre

1/2 cuil. à café d'estragon frais

sel

*Cette purée vient d'une julienne de légumes créée pour le mariage de Michel et Christine Guérard... Facile, mais tout est dans les proportions !*

**1** Lavez et râpez les carottes à la grosse grille à l'aide d'une râpe à moulin – ce détail a son importance, surtout si l'on sert la julienne sans la mixer en purée, car les carottes auront ainsi plus de tenue à la cuisson.
Cela fonctionne aussi avec une mandoline, mais évitez la râpe traditionnelle. Pesez-les et ne gardez que 150 g.

1

**Coup de main**

*P. 238 L'ART DE LUSTRER LA CAROTTE*

*P. 240 L'ART DE LA GÉOMÉTRIE DU GOÛT*

**2 et 3** Pelez le céleri au couteau et ne gardez que 75 g. Râpez-le également. Lavez les champignons de Paris, coupez les pieds et débitez les chapeaux en rondelles fines, puis en lanières – ne les râpez pas, car ils sont trop souples et risqueraient de se briser. Les champignons doivent absolument être préparés en dernier pour éviter qu'ils ne noircissent.

**4 et 5** Mettez les carottes dans une sauteuse avec le beurre. Salez légèrement et laissez cuire 3 min. Incorporez le céleri. Laissez cuire encore 3 min en ajoutant un peu de sel. Ajoutez enfin les champignons, salez une dernière fois (il vaut mieux saler à chaque ajout plutôt qu'en une fois pour que tous les légumes soient assaisonnés pareillement). Laissez cuire encore 3 min à couvert. Remuez régulièrement les légumes pendant leur cuisson.

6

7

8

**6 et 7** Ajoutez le porto et la crème, et portez à ébullition. Laissez réduire 5 min sur feu moyen.

**8** Pendant ce temps, lavez et hachez l'estragon. Ajoutez-en une partie dans les légumes juste avant la fin de la cuisson.

**9** Mixez finement la purée et ajoutez le reste d'estragon – les parfums d'estragon cuit et cru ne sont pas les mêmes et se complètent parfaitement bien.

*Rectifiez à présent l'assaisonnement. Le chef ne poivre pas cette purée, car il estime que le céleri est déjà bien corsé. Mais évidemment, c'est à vous de juger...*

### Astuce

REMUEZ À L'AIDE D'UNE FOURCHETTE plutôt que d'utiliser une spatule pour ne pas casser la julienne de légumes. A éviter si l'on utilise une poêle à revêtement antiadhésif !

9

# la purée douce de carottes

## aux abricots moelleux, parfumée à la menthe

**Pour 2 personnes**

**Préparation : 15 min**
**Cuisson : 30 min**

300 g de carottes
2 abricots secs moelleux
50 g de beurre
10 cl de crème liquide
2 brins d'aneth
1 brin de menthe
sel

*Inventée pour accompagner un plat de homard, cette recette sera parfaite avec un poisson ou des crustacés. Un mélange aussi simple qu'original.*

**Coup de main**

***p. 140** L'art de la géométrie du goût*

2

**1** Après avoir pelé et lavé les carottes, émincez-les en rondelles – plus les légumes sont coupés fins, plus ils cuiront vite et moins ils perdront arômes et vitamines.

3

**2** Mettez-les dans une sauteuse. Couvrez-les d'eau à hauteur, salez et ajoutez le beurre – il doit être incorporé dès le début car il enrobera et pénétrera d'autant mieux le légume – et laissez cuire à feu moyen 20 min env., en couvrant pendant la moitié de la cuisson (pour les dix dernières minutes, mettre à feu plus fort).

**3** Ajoutez la crème, portez à ébullition et laissez cuire 5 min à feu doux.

4

**4** Ajoutez le brin de menthe entier, couvrez et laissez infuser 5 min. Faire infuser la menthe plutôt que de la mixer avec les aliments permet de préserver leur couleur et d'obtenir un parfum mentholé plus subtil, vif et discret à la fois.

5

6

**5** Coupez les abricots en tout petits dés.

**6** Retirez la menthe, mixez la purée.

7

**7** Ajoutez-y les abricots coupés. Remuez et rectifiez l'assaisonnement. ***Servez, décoré d'un brin d'aneth.***

**Astuce**

La cuisson des carottes peut varier du simple au double selon leur âge : jeunes en botte, elles fondront toutes seules, tandis que de grosses carottes d'hiver seront plus coriaces. Le mieux, c'est de goûter.

# l'art de

## préparer les foies de volaille

*Les foies de volaille vont du rouge foncé au blond pour les volailles de Bresse. Ils feront tous de très bonnes terrines !*

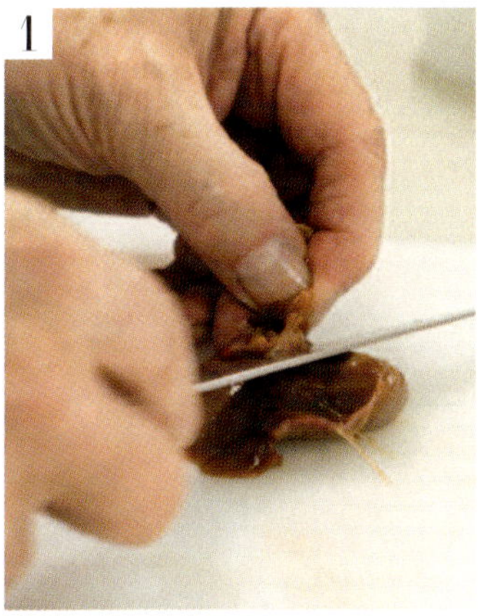


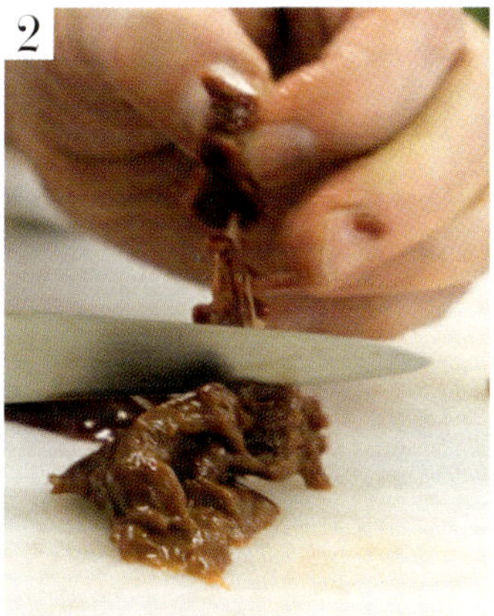


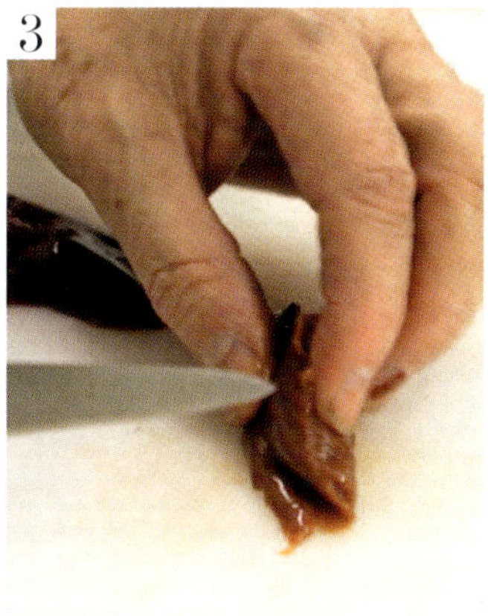


Demandez à votre volailler des foies très frais. Comme tous les abats, les foies sont fragiles et sensibles aux bactéries. Au besoin, commandez-les à l'avance.

**1** A l'aide d'un petit couteau d'office, ôtez soigneusement les traces vertes laissées par la poche de fiel amer entre les deux lobes des foies. Identifiez le petit nerf blanc.

**2** Tirez délicatement sur le nerf en le dégageant avec le couteau.

**3** Vous pouvez tailler vos foies en morceaux. Dès qu'ils sont prêts, réservez-les au frais si vous ne les utilisez pas tout de suite.

# l'art de cuire au bain-marie

*Le bain-marie a été créé pour adoucir et homogénéiser la cuisson de préparations délicates : soufflés, flans ou terrines.*

Placez votre terrine dans un grand plat allant au four. Remplissez le plat d'eau bouillante jusqu'à mi-hauteur. Si vous mettiez de l'eau froide, le temps de cuisson serait faussé.
Si vous avez un four ventilé à chaleur tournante, vous pouvez éviter le bain-marie en plaçant votre terrine directement sur la grille du four (jamais sur la plaque, car le fond de votre terrine cuirait plus fort que le centre). Dans ce cas, placez un petit récipient rempli d'eau à côté du plat. Veillez à ce qu'il soit toujours plein durant la cuisson.

# l'art de choisir un contenant

*La forme d'une terrine a une vraie influence sur sa cuisson.*

Pour éviter que les extrêmités d'un pâté ne soient trop cuites, préférez les terrines rectangulaires. Notamment pour les aliments délicats comme les poissons ou pour ceux qui doivent rester rosés comme les foies de volaille. Les terrines ovales conviendront très bien pour toutes les cuissons confites comme une terrine de lapin en gelée ou un baeckoffe, par exemple.

# la terrine
## de foies de volaille

# la terrine de foies

## de volaille

**POUR 8 PERSONNES**

**PRÉPARATION : 40 MIN**
**MARINADE : UNE NUIT**
**CUISSON : 1 H 45**
**REPOS : 3 H + UNE NUIT**

500 g de foies de volaille ou 350 g de foies et 150 g de cœurs de canard bien frais

200 g de poitrine de porc fraîche

200 g de chair à saucisse

200 g de fines bardes (achetées chez le charcutier)

4 feuilles de laurier

4 brins de thym

**POUR LA MARINADE**

10 cl d'armagnac

5 cl de porto rouge

5 cl de vinaigre de xérès

10 g d'ail frais épluché

20 g de persil frais

1 cuil. à café rase de fleurs de thym

1 pointe de couteau de noix de muscade râpée

1 cuil. à café rase de sucre semoule

2 cuil. à café rases (12 g) de sel

12 tours de moulin à poivre

**COUP DE MAIN**

*P. 252 L'ART DE PRÉPARER LES FOIES DE VOLAILLE*

*P. 254 L'ART DE CUIRE AU BAIN-MARIE*

*P. 256 L'ART DE CHOISIR UN CONTENANT*

*Cette terrine est un hommage du chef à la grande cuisine du XVII^e siècle. Elle évoque les pâtés de Louis XIV, coupés au couteau en gros dés.*

**JOUR J - 2, LA MARINADE**

**1** Préparez les viandes. A l'aide d'un petit couteau d'office, ôtez les traces de la poche de fiel amer entre les deux lobes des foies. Retirez les nerfs. Coupez les foies en deux.

1

**2** A l'aide d'un grand couteau, détaillez d'abord les 200 g de poitrine de porc en quatre tranches, puis en lardons de 1 cm de large sur 2 cm de haut.

**3 et 4** Hachez le persil et l'ail grossièrement.

3

4

2

5

**5 et 6** Mettez les viandes dans un grand récipient. Ajoutez-y les 200 g de chair à saucisse et les ingrédients de la marinade : armagnac, porto, vinaigre de xérès, ail et persil hachés, fleurs de thym, muscade, sucre, sel et poivre. Mélangez bien l'ensemble à la fourchette et laissez mariner toute la nuit au réfrigérateur.

### Astuces

A LA PLACE DE LA NOIX DE MUSCADE RÂPÉE, le chef utilise du macis (tégument de la noix de muscade), plus subtil. Le sucre sert à garder la couleur rose de la viande.

SANS VOULOIR OFFENSER LE CHEF, je ne mets que la moitié de la dose d'alcool conseillée et je trouve l'assaisonnement parfait. Il m'arrive d'utiliser de la poitrine fumée. A vous de juger !

6

7

8

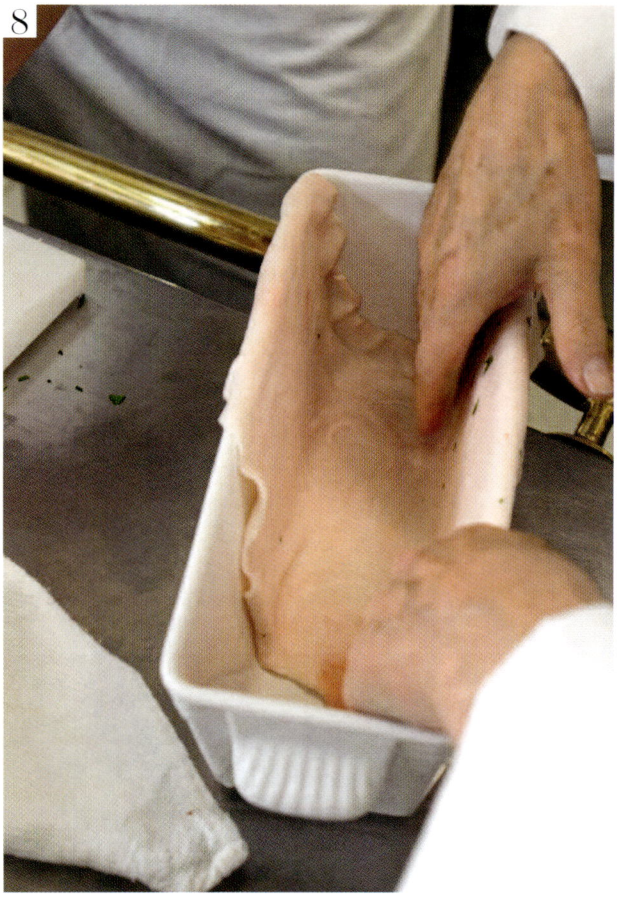

9

## Jour J - 1, la cuisson

Il est important que les couches de bardes soient fines et qu'elles ne se superposent pas dans la terrine. N'hésitez pas à les tailler en morceaux pour combler les éventuels trous.

**7 et 8** Le lendemain, tapissez le fond et les côtés de la terrine des fines bardes.

**9** Garnissez-la ensuite entièrement avec les viandes marinées.

**10 et 11** Recouvrez ce pâté des dernières bardes, et coiffez le tout des feuilles de laurier et des brins de thym intercalés.

**12** N'oubliez pas de couvrir la terrine. Si vous n'avez pas de couvercle ad hoc, utilisez du papier d'aluminium.

**13** Faites cuire au bain-marie 1 h à 200 °C (th. 6-7), puis 45 min à 170 °C (th. 5-6). Otez le couvercle 30 min avant la fin de la cuisson pour que le dessus dore un peu.

**14** Sortez la terrine du four et laissez-la refroidir 3 h à température ambiante. Pour tasser la préparation, recouvrez-la avec une petite planche et un peu de poids. Placez-la une nuit au réfrigérateur.

**Astuce**

Pour une recette plus légère, remplacez les bardes par de la crépine.

15

16

**Jour J, le démoulage !**

**15** Avant de démouler, plongez le moule dans de l'eau chaude, puis décollez les bords au couteau.

**16 et 17** Présentez votre terrine entière aux convives, puis tranchez-la devant eux.

*Dégustez-la avec des cornichons, des petits oignons au vinaigre ou de la confiture d'oignons (au rayon épicerie fine).*

17

# l'art de

## saler l'eau de cuisson des crustacés

*Pour un litre d'eau, comptez 50 g de gros sel, non, ce n'est pas une erreur typographique ! Même s'il est vrai que l'eau de mer ne contient que 30 g de sel par litre, il convient de respecter cette proportion pour obtenir des crustacés qui « sentent la mer ».*

# l'art de chercher une nouvelle recette

*« Une des grandes règles, c'est de goûter en faisant. La tête travaille, et c'est comme ça qu'on a envie d'autres voyages. »*

Une nouvelle recette, c'est relever un défi. C'est, par exemple, adapter une grande recette traditionnelle française, telle la brandade de morue, à la cuisine santé. Prenez du lieu demi-sel* et son poids en purée. Mais pas n'importe laquelle ! 25% de pomme de terre, 65% de chou-fleur, 10% de céleri rave et 1 cuillère à soupe d'huile d'olive. Et le tour est joué.

** Pour 1kg de lieu jaune, comptez 40 g de sel fin et 5 g de sucre. Saupoudrez-en le poisson. Une heure plus tard, rincez-le à l'eau et essuyez-le bien au papier absorbant.*

# le méli-mélo de crabe

## en salade chaude

# le méli-mélo de crabe

## en salade chaude

**Pour 4 personnes**

**Préparation : 30 min**
**Cuisson : 30 min**

1 araignée et 1 tourteau vivants de 500 à 600 g ou 280 g de chair de crabe

80 g de pousses de salade

400 g env. de gros sel

**Pour la sauce**

70 g d'échalotes (si possible, les plus grosses, dites « cuisses de poulet »)

30 g de champignons de Paris

10 cl de Noilly Prat (ou de Martini Dry, de Cinzano ou de xérès sec)

10 cl de champagne (ou de vin blanc)

20 cl de fumet de poissons (éventuellement en poudre)

10 cl de jus de moules (récupéré de la cuisson de 500 g de moules à la marinière)

10 cl de crème liquide

1 pincée de vadouvan (ou de bon curry)

1 fruit de la Passion

40 g de beurre

1/4 de botte de coriandre hachée grossièrement

*L'araignée est un crustacé cher, fragile et difficile à décortiquer. Le chef, comme moi, estimons que la qualité de sa chair vaut bien quelques efforts. Vous pouvez néanmoins la remplacer par du tourteau.*

**Coup de main**

*P. 266 L'art de saler l'eau de cuisson des crustacés*

*P. 268 L'art de créer une nouvelle recette*

1

2

## Préparation du crabe

**1** Faites bouillir de l'eau (env. 10 litres) dans une grande marmite avec 50 g de gros sel par litre. Plongez-y les crabes et laissez-les cuire de 12 à 15 min.

**2 à 4** Sortez-les et décortiquez-les en veillant à laisser les pinces entières. Fendez les pattes de chaque côté à l'aide de ciseaux pour dégager la chair en un seul morceau. Extrayez la chair des corps avec une petite fourchette. Rincez et séchez les pousses de salade.

3

4

5

6

**CONFECTION DE LA SAUCE**

**5 et 6** Emincez les champignons et les échalotes, puis faites-les revenir dans 20 g de beurre sans coloration.

**7 et 8** Versez le Noilly Prat et le champagne et laissez évaporer. Ajoutez le fumet de poissons, le jus de moules et faites réduire de moitié.

7

8

9

10

**9 et 10** Incorporez la crème, laissez réduire, puis intégrez le reste du beurre en mélangeant bien.

11

**11** Ajoutez le vadouvan, faites infuser et filtrez. Réservez les échalotes et les champignons.

**12** Récupérez le jus du fruit de la Passion, versez-le dans la sauce filtrée et rectifiez l'assaisonnement.

12

### Astuce

Pour récupérer le jus du fruit de la Passion, il suffit de filtrer le contenu du fruit au travers d'une passoire fine.

13

**13** Mixez la sauce afin qu'elle ait la consistance d'une nage mousseuse.

**14** Hachez grossièrement les échalotes et les champignons réservés avec la coriandre, puis mélangez-les délicatement à la fourchette avec la chair de crabe (pattes et corps).

14

15

**15** Faites chauffer le mélange avec un peu de sauce dans une sauteuse. Ajoutez les pinces de crabe, versez davantage de sauce et laissez chauffer. Vous pouvez, comme les chefs, vérifier la température des pinces avec les doigts si vous en avez l'habitude.

*Dressez la chair de crabe au centre d'une assiette creuse. Surmontez de quelques pousses de salade et posez une pince légèrement sur le côté de l'assiette. Versez tout autour la nage mousseuse.*

# l'art d'
# emballer le poisson

*Plutôt que de faire un paquet, on cherche la pureté en respectant l'élégance naturelle de la feuille de chou.*

**1** Etalez bien à plat une feuille de chou blanchie au préalable. Centrez le morceau de poisson, assaisonnez en fonction de la recette.

**2** Rabattez chaque extrémité de la feuille sur le poisson.

**3** Recherchez le pliage le plus simple possible qui laisse encore apercevoir le poisson.

1

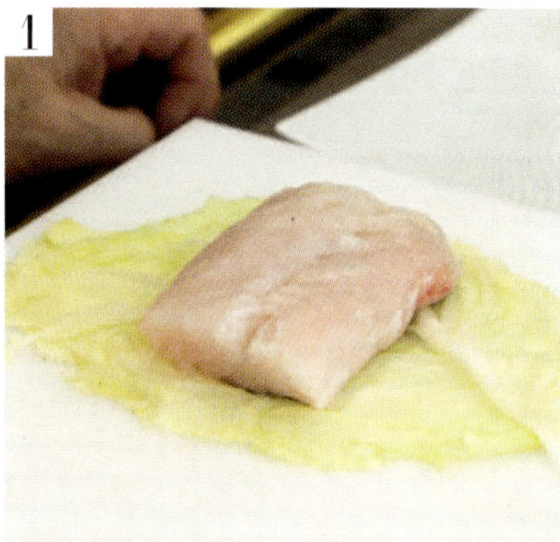

2

3

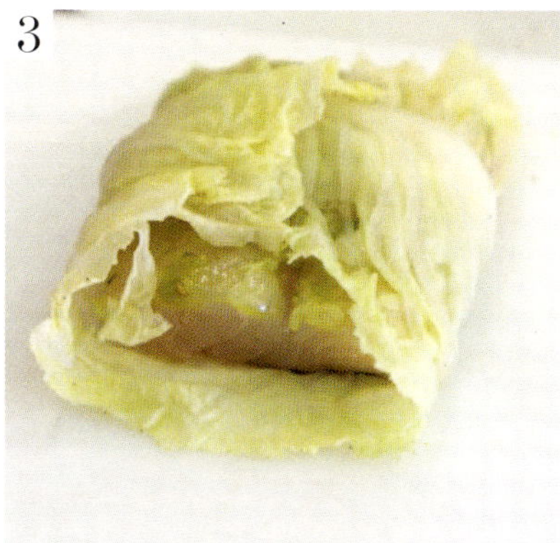

# l'art de faire le beurre monté

*La technique est très simple car c'est tout simplement le choc des températures qui crée l'émulsion.*

Il faut 100 g de beurre pour 20 cl d'eau. Il s'agit de jeter le beurre très froid dans l'eau très chaude. Le choc des températures va créer l'émulsion. Elle se fait donc d'elle-même. Laissez fondre le beurre jusqu'à ce qu'il mousse. La consistance reste assez liquide. Une autre méthode consiste à fouetter quand le beurre commence à fondre. N'hésitez pas à utiliser du beurre demi-sel, c'est délicieux.

# merlu en feuille de chou

# le merlu en feuille de chou

**POUR 4 PERSONNES**

**PRÉPARATION : 30 MIN**
**CUISSON : 10 MIN**

500 g de filet de merlu

1 cuil. à soupe d'huile d'olive

1 chou chinois (pak-choï)

quelques pluches de cerfeuil ou d'estragon

sel fin, poivre

**MARINADE WASABI**

le jus de 1 citron vert

10 g de sésame

10 g de moutarde japonaise wasabi

20 g d'huile d'olive

**BEURRE MONTÉ WASABI**

20 cl d'eau

100 g de beurre

le jus de 1/2 citron vert

1 cuil. à café de marinade wasabi

*Bon marché et très sain, le chou est un légume que je cuisine volontiers. Quand on prend soin de préserver son croquant, il révèle sa texture et ses arômes délicats.*

**COUP DE MAIN**

***P.278*** *L'ART D'EMBALLER LE POISSON*

***P.280*** *L'ART DE FAIRE LE BEURRE MONTÉ*

1

2

**Astuce**

Le chou chinois peut être remplacé pour cette recette par du chou frisé. Il faudra choisir les feuilles les plus tendres et le blanchir un peu plus longtemps.

**1 et 2** Effeuillez le chou. Retirez les côtes et donnez aux feuilles la forme de triangles allongés. Faites cuire et les côtes quelques secondes dans de l'eau bouillante salée, puis rafraîchissez-les dans de l'eau avec des glaçons afin de stopper la cuisson.

3

4

**3 et 4** Chauffez l'eau dans une casserole, puis incorporez le beurre en fouettant pour le faire monter lorsqu'il fond. Ajoutez une cuillère à café de marinade. Assaisonnez de poivre du moulin et du jus d'un demi citron vert.

5

**5** Dressez le merlu au milieu des feuilles de chou. Gardez la peau du poisson car elle donne du goût et maintient les chairs. Nappez le merlu de marinade avec un pinceau, assaisonnez de poivre du moulin et de sel fin.

**Astuce**

Le merlu peut être remplacé par un autre poisson à chair blanche comme le merlan, le bar ou le cabillaud.

6

7

**6** Rabattez le chou sur le poisson. Placez la papillote dans le cuit-vapeur, nappez avec le reste de marinade et laissez cuire env. 6 min. Egouttez la papillote.

**7** Placez la papillote dans un coin de l'assiette, nappez de beurre monté wasabi et décorez avec le cerfeuil ou l'estragon. Servez bien chaud.

## ACCOMPAGNEMENT

*Vous pouvez servir avec ce plat les côtes du chou chinois. Elles sont à faire cuire plus longtemps dans l'eau bouillante car elles sont plus épaisses que la feuille. Faites sauter des petits lardons à sec et ajoutez les côtes de chou chinois bien égouttées.*

# l'art de transmettre

*Michel Guérard est sans doute le chef qui cite le plus volontiers ses sources. Voici l'histoire de sa recette de tortilla de pommes de terre.*

Entraîné par son ami, le Basque Christian Parra, dans un restaurant de Bayonne – *El Asador* –, il y découvrit une tortilla proche de la perfection. Il n'hésita pas à filer en cuisine recueillir les secrets du maître des lieux, une honnête grand-mère. Michel Guérard qui vous demande votre recette, voilà bien un fantasme de cuisinière ! A ma grande surprise, la réalisation de cette omelette aux Prés d'Eugénie déclencha une polémique : chacun avait sa version. Mais, pour le chef, la différence se fait sur deux points : immerger les pommes de terre et les oignons dans l'huile d'olive et faire cuire la tortilla à la flamme. J'ai testé à la maison, c'est irrésistible... et pas gras, je vous assure !

# la vraie tortilla
## aux pommes de terre

# la vraie tortilla

## aux pommes de terre

**POUR 4 PERSONNES**

**PRÉPARATION : 15 MIN**
**CUISSON : 40 MIN ENV.**

4 grosses pommes de terre (le chef conseille d'utiliser des pommes de terre de consommation courante, plutôt farineuses, de type agria)

3 gros oignons

8 œufs

50 cl d'huile d'olive

sel, poivre

*L'usage du gaz est recommandé car les flammes lèchent les bords de la poêle et favorisent une cuisson homogène.*

**LES POMMES DE TERRE ET LES OIGNONS...**

**1** Pelez et rincez les pommes de terre. Séchez-les dans un torchon. Coupez-les en quatre dans la longueur, puis en triangles d'environ 0,5 cm d'épaisseur.

**COUP DE MAIN**
***P. 288*** *L'ART DE TRANSMETTRE*

2

3

4

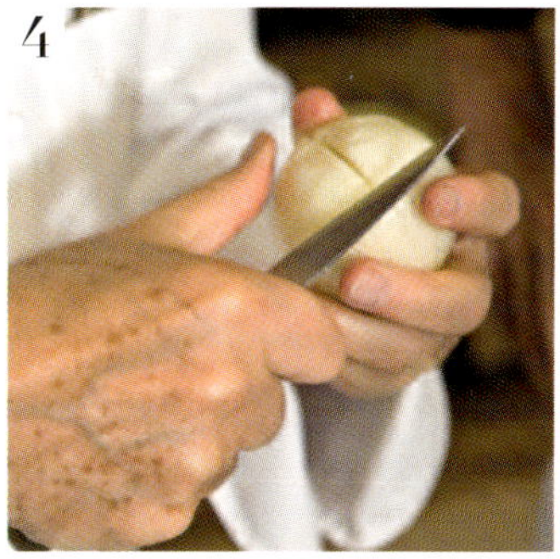

**2 à 4** Epluchez et coupez les oignons en moitiés, puis en trois, et taillez des tranches de 0,5 cm dans l'épaisseur, comme avec les pommes de terre.

### ASTUCE

LE CHEF CONSEILLE D'ADOPTER LA TECHNIQUE DE LA GRAND-MÈRE qui coupe ses légumes à main levée.

5

6

**5 et 6** Recouvrez d'huile les pommes de terre et les oignons mélangés dans une poêle. Laissez-les cuire doucement pendant 30 min env.

**ASTUCE**

L'HUILE DE CUISSON POURRA SERVIR À UN AUTRE USAGE, puisque la température modérée lui évite de s'abîmer.

7

8

**7** Pour tester la cuisson, prenez un morceau de pomme de terre entre vos doigts, s'il s'enfonce sans résistance, c'est cuit !

**8** Egouttez les pommes de terre et récupérez la presque totalité de l'huile d'olive. Pour éviter de les écraser, le chef ne met pas les légumes dans une passoire. Il les retient dans la poêle avec une écumoire et recueille l'huile dans un récipient.

**9** Salez et poivrez légèrement la préparation, remuez.

9

### Les œufs...

**10** Cassez les œufs et fouettez-les à la fourchette. Salez légèrement. Poivrez. Placez la poêle contenant les pommes de terre et les oignons sur feu moyen.

**11 à 13** Versez les œufs battus sur les pommes de terre et laissez cuire doucement la préparation (comme pour une omelette) en remuant avec une fourchette et en décollant de temps en temps les bords de la tortilla de la poêle.

14

15
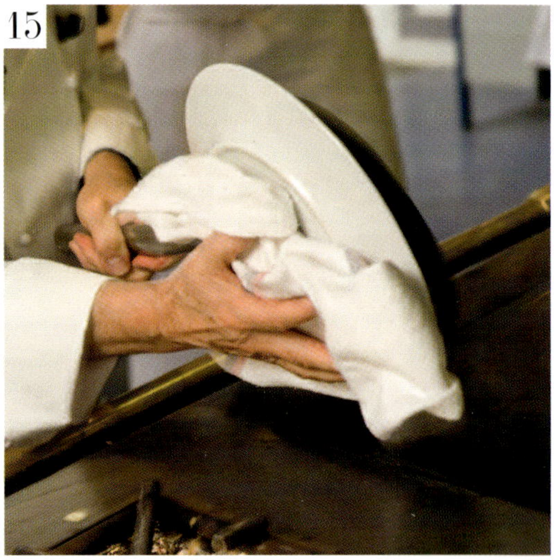

16

17

18

## Le moulage de la tortilla

**14 et 15** Lorsque vous jugez la cuisson de la tortilla à votre goût (baveuse ou plus cuite), placez une assiette sur la poêle et retournez le tout.

**16 à 18** Faites glisser la tortilla dans la poêle et terminez la cuisson de l'autre côté à feu moyen. Une fois démoulée, votre tortilla doit ressembler à un joli gâteau épais et doré.

*Accompagnez la tortilla d'une salade bien relevée ou d'une salade Cæsar.*

# l'art de faire la vinaigrette allégée

*C'est un trompe couillon : 32 calories pour 15 g (une bonne cuil. à soupe) contre 100 calories dans une vinaigrette classique…*

**Ingrédients**

25 cl d'eau

1/2 tablette de bouillon de volaille

5 g de Maïzena

1 grosse cuil. à soupe de moutarde

4 cuil. à soupe d'huile d'olive

6 cuil. à soupe d'huile de pépins de raisin

1 cuil. à soupe de vinaigre de Xérès

6 cuil. à soupe de jus de citron jaune

sel, poivre

Portez à ébullition l'eau et le bouillon de volaille. Liez à la Maïzena. Laissez refroidir.

Dans un récipient creux, mettez la moutarde, le sel, le poivre, le jus de citron et le vinaigre de Xérès. Mélangez bien.

Incorporez les huiles d'olive et de pépins de raisin, puis le bouillon de volaille froid.

Vérifiez et rectifiez l'assaisonnement. Conservez au réfrigérateur.

# la salade Cæsar

**Pour 4 personnes selon leur appétit**

**Préparation : 20 min**
**Cuisson : 5 min**

2 cœurs de salade de romaine fraîche et croquante

1 œuf

1 jaune d'œuf cru

1 cuil. à café d'ail finement haché

4 filets d'anchois dessalés

4 cuil. à soupe d'huile d'olive

le jus d'1 citron

quelques gouttes de tabasco

10 g de parmesan râpé

8 copeaux de parmesan

20 petits cubes de pain de mie (de 1 cm) dorés au beurre, puis essorés sur du papier absorbant

sel, poivre

*Son origine semblerait se situer dans les années 1920 en Caroline du Sud.*

**1** Dans une casserole d'eau bouillante, plongez avec précaution, à la cuillère, l'œuf « en coquille ». Laissez-le cuire pendant 5 min à compter de la reprise de l'ébullition. Rafraîchissez-le à l'eau froide et écalez-le sous l'eau délicatement afin d'obtenir un œuf mollet.

**2** Rompez les feuilles de romaine à la main. Lavez-les prestement et essorez-les bien à l'aide de papier absorbant. Hachez grossièrement l'œuf mollet.

**3** Mixez ensemble l'ail, les anchois, le jaune d'œuf cru, le jus de citron et les 10 g de parmesan râpé.

**4** Ajoutez progressivement l'huile d'olive et le Tabasco. Salez et poivrez. Enfin, à l'aide d'une cuillère, incorporez l'œuf mollet haché à la sauce.

**5** Assaisonnez la romaine de ce mélange, après l'avoir dressée dans un saladier.

***Répartissez les croûtons dorés sur la salade, parsemez-la de copeaux de parmesan et servez.***

SORTIE

# l'art de la ponte

*On a oublié qu'autrefois, les poules ne pondaient pas à la demande : il y avait des saisons, elles ne donnaient des œufs qu'au printemps et en été.*

Ce qui nous amenait à mettre les œufs en conserve pour l'hiver. Dans de grands bacs en ciment, nous faisions de l'eau de chaux vive pour y tremper les œufs. On les prenait par deux pour les tapoter l'un contre l'autre près de l'oreille et entendre le bruit caractéristique de ceux qui étaient fêlés. Après un tel séjour, les jaunes étaient souvent défaits, et clarifier les œufs devenait un véritable exercice de cirque…

# l'art de rater la crème...

*« Les erreurs sont souvent à l'origine des grands plats... »*

Séduit par la texture merveilleuse de la crème au chocolat d'un ami chef, Michel Guérard proposa à celui-ci de venir à Eugénie-les-Bains lui enseigner sa recette. Le résultat se révélant médiocre, l'ami repartit vexé et Michel Guérard resta sur sa faim. Il mit le reste de crème au frais pour le personnel qui le fit cuire le lendemain. Miracle ! La crème fut délicieuse. Michel – et son ami chef – comprirent que le repos de la crème à cru était le secret de ce dessert. Les erreurs sont souvent à l'origine des grands plats... C'est ainsi que je m'en sors auprès de mes amis quand mon dîner est raté !

# l'art de monter les blancs

*« S'il y a une impureté quelconque, l'albumine de l'œuf boude. »*

Apportez donc un soin particulier à la propreté de vos ustensiles, fouet et cul-de-poule (ou saladier). Veillez surtout à de bien les dégraisser.

**1** Clarifiez vos œufs, c'est-à dire, séparez soigneusement les jaunes des blancs.

**2** Battez les blancs en neige à l'aide d'un fouet. Commencez doucement puis accélérez progressivement afin d'inclure le maximum d'air dans la préparation. Si vos blancs sont destinés à être mélangés à une préparation à cuire, il est déconseillé de les battre trop fermement, car cela retirerait de l'onctuosité et de la souplesse (ils finiront tranquillement de monter pendant la cuisson).

**3** Les blancs sont montés lorsqu'il se forme un bec au bout de votre fouet.

1

2

3

### Trucs

Si vos œufs sont très frais (moins de 5 jours), vous pouvez ajouter une pincée de sel avant de battre. Il diluera l'albumine et empêchera l'œuf de «grainer».

Quelle que soit votre recette tout doit être prêt au moment où vous montez les blancs en neige, car ils n'attendent pas.

# le dessert du roy

# la glace au chocolat

## de Monsieur Parra

**Pour 8 personnes**

**Préparation : 15 min**
**Congélation : 45 à 60 min**

50 cl de lait

25 cl de crème liquide fleurette

200 g de sucre

125 g de cacao en poudre non sucré

125 g de chocolat noir à 90 % de cacao

Choisissez les boîtes en plastique avec couvercles hermétiques dans lesquelles vous souhaiter conserver votre glace. Placez-les au congélateur pour les refroidir.

1 Dans une casserole, faites bouillir le lait avec la crème et le sucre. Ajoutez le cacao en poudre et remettez à bouillir pendant 3 min.

2 En dehors du feu, ajoutez dans cette préparation, le chocolat noir préalablement concassé. Mélangez le tout et versez le liquide obtenu dans une sorbetière de ménagère.

3 Une fois la glace prise, sortez-la de l'appareil, transvasez-la à la cuillère dans vos boîtes refroidies. Vous pouvez la conserver au congélateur 1 mois.

*Au moment du service, déposez une cuillère à soupe de glace moulée en quenelle dans des coupes.*

# le dessert du roy

## soufflé chaud, crème et glace, tout chocolat

Pour 8 personnes

**Les soufflés :**
Préparation : 20 min (la veille)
Cuisson : 9 min

**La crème :**
Préparation : 15 min (la veille)
Cuisson : 30 min

### Pour le soufflé

- 140 g de chocolat à 60 % de cacao
- 140 g de beurre
- 140 g de sucre semoule
- 5 jaunes d'œufs
- 3 blancs d'œufs
- 8 larmes d'armagnac
- un peu de cacao en poudre

### Pour la crème

- 90 g de chocolat à 60 % de cacao
- 90 g de sucre
- 37 cl de lait demi-écrémé
- 40 cl d'eau
- 15 g de cacao en poudre
- 5 jaunes d'œufs

*Le soufflé au chocolat est en réalité une mousse cuite. La préparation peut se conserver jusqu'à quatre jours au réfrigérateur et être cuite au dernier moment.*

### La veille

**Préparation de l'appareil pour le soufflé**

**1** Faites fondre le beurre sur feu doux.

**Coup de main**
*p. 80 L'art de beurrer un moule*

*p. 306 L'art de monter les blancs en neige*

**ASTUCE**

LE SUCRE « CUIT » LES ŒUFS, il faut donc battre les jaunes dès qu'on leur a ajouté le sucre.

**2** Retirez du feu et incorporez le chocolat coupé en petits morceaux. Remuez vivement jusqu'à ce que le chocolat soit fondu. Cette astuce permet de ne pas risquer de brûler le chocolat et de gagner du temps par rapport à la technique du bain-marie.
**3** Fouettez ensemble les 5 jaunes d'œufs avec 100 g de sucre semoule jusqu'à ce que le mélange blanchisse.

**4** Versez le chocolat fondu dans la préparation aux œufs, mélangez.

**5** Pendant ce temps, beurrez les moules (de préférence en métal, sinon en porcelaine) au pinceau en badigeonnant le fond et les parois de bas en haut. Sucrez l'intérieur en faisant glisser une grande quantité de sucre le long des parois, puis videz le sucre qui n'a pas adhéré.

**6** Battez les blancs d'œufs en neige et incorporez le sucre restant quand ils sont déjà bien montés mais pas trop fermes. Il faut qu'ils puissent finir de monter pendant la cuisson.
**7** Incorporez délicatement les blancs à la préparation au chocolat en soulevant la masse pour l'aérer.

**8** Remplissez les ramequins aux trois quarts et réservez-les au réfrigérateur jusqu'au lendemain.

## La veille

### Préparation de l'appareil pour la crème

**9** Faites bouillir le lait avec l'eau et le sucre. L'eau allège et détend le mélange, riche en matières grasses.

**10** Ajoutez le cacao, portez à ébullition et fouettez 2 min sur le feu. Cette opération sert à cuire le cacao (comme la farine ou la fécule), sinon la texture poudreuse est trop présente en bouche et le cacao ne s'intègre pas bien à la crème.

10

**11** Incorporez le chocolat coupé en petits morceaux et remuez hors du feu pour le faire fondre. Laissez tiédir. Mélangez la préparation au chocolat refroidie aux jaunes d'œufs. Laissez reposer la crème au réfrigérateur jusqu'au lendemain.

11

## Le jour même

### Cuisson des petits pots de crème

**12** Préchauffez le four à 100 °C (th. 3). Retirez l'écume à la surface de la préparation. Répartissez la crème dans des petits pots. Le chef a choisi des tasses à café en porcelaine, mais vous pouvez vous amuser à varier les contenants sans crainte : verre, cristal ou porcelaine car la température de cuisson est très douce.

12

**13** Enfournez et faites cuire 30 min. Sortez les pots et laissez-les refroidir.

13

14

15

16

**Cuisson des soufflés**

**14** Augmentez la chaleur du four à 200 °C (th. 7) en laissant la plaque à l'intérieur. Enfournez les ramequins sur la plaque chaude. Laissez cuire 9 min (un peu plus si vos moules sont en porcelaine ou en verre car le métal est un meilleur conducteur).

**15** Placez les pots de crème à température et les glaces au chocolat sur vos assiettes de présentation. Il faut que tout soit prêt au moment de sortir les soufflés du four.

**16** Saupoudrez chaque soufflé de cacao amer et glissez une larme d'armagnac au centre après l'avoir entrouvert. *Servez sans attendre.*

# Index des petites leçons

# Index des recettes